家庭舞蹈 8

孩子不离家

李维榕——

著

华东师范大学出版社

·上海·

图书在版编目(CIP)数据

家庭舞蹈8.孩子不离家/李维榕著.—上海:华东师范大
学出版社,2019
（李维榕作品集）
ISBN 978-7-5675-9057-1

Ⅰ.①家…　Ⅱ.①李…　Ⅲ.①家庭问题-通俗读物
Ⅳ.①C913.11-49

中国版本图书馆 CIP 数据核字(2019)第 060412 号

家庭舞蹈8
——孩子不离家

著　　者	李维榕
策划组稿	张俊玲
项目编辑	王国红
审读编辑	陈锦文
责任校对	孙彤彤
装帧设计	卢晓红

出版发行　华东师范大学出版社
社　　址　上海市中山北路 3663 号　邮编 200062
网　　址　www.ecnupress.com.cn
电　　话　021-60821666　行政传真 021-62572105
客服电话　021-62865537　门市(邮购)电话 021-62869887
地　　址　上海市中山北路 3663 号华东师范大学校内先锋路口
网　　店　http://hdsdcbs.tmall.com

印 刷 者　浙江临安曙光印务有限公司
开　　本　890毫米×1240毫米 1/32
印　　张　6.25
字　　数　131 千字
版　　次　2019 年 5 月第 1 版
印　　次　2024 年 11 月第 4 次
书　　号　ISBN 978-7-5675-9057-1
定　　价　38.00 元

出 版 人　王　焰

（如发现本版图书有印订质量问题,请寄回本社客服中心调换或电话 021-62865537 联系）

总　序

　　本来并没有打算写书,不知不觉却写了二十年的文章,加起来重重一大叠,不单代表我的工作,也反映了我的人生。

　　忙着与别人的家庭共舞,原来别人的悲欢离合,也是我的悲欢离合;我与别人,原来难分彼此,同属一个七情六欲生老病死的系统,都在迷茫中找寻自己的归属感。

　　这二十年来,我也从初期游戏人间的心态,变得心情沉重;又从悲天悯人,回复满怀喜悦。

　　没有解决不了的问题,只有烦恼人,不断自寻烦恼。

　　我却是学得越来越任性,高兴时笑,悲伤时哭,生气时骂人。活得痛快,才有闲情细嚼人际关系的丰富,不会错过身边人。

　　借道浮生,恕我无心细听你的满腔惆怅,只想邀你一同赏玩路上好风光!

自 序

一直在写我的专栏,却好几年都没有出书。

回顾过往,这一大段日子都是集中于孩子的工作。各式各样的问题,都是因为他们离不了家。原来孩子要离家,并不是一件容易的事。

很多人都认为近代的家庭过于疏离,我却认为无论大文化如何改变,人总是需要有归属感,而正是这种归属感,让我们不离不舍,至死方休。

而我自己,也同时经历自己的归属与离别。

目 录

孩子生病方程式

在过去二十年间，我每年都会到上海儿童精神健康中心去做示范讲座，加起来起码见了一百多个家庭。同学问我有什么感受，我却想：怎么我二十年来见到的都是同一个个案？

二十年来同一个个案，究竟是怎么一回事？

因为，这些孩子全部都有若干共通之处：

1. 他们都是父母的宠儿，父母的心和肺，背负着父母的无限期待与盼望。

2. 他们背后都有一对矛盾重重的父母，长期无法解决彼此间的怨恨。

3. 他们的父母都认为，对彼此没有期望，只想把全部精力放在孩子身上。

4. 而这些孩子，也就忠心耿耿地扮演了维持父母关系的桥梁角色。

上述单独一项都不足为患，但是四项条件加起来，就是制造孩子生病的方程式！

这一百多个孩子当中，起码有一半告诉我们：他们的病，具有一个特别功能，就是成功地把有分歧的父母联结起来，逼着他们一起处理孩子的问题，又或者令父母紧张和生气，为冷漠的关系燃起一点火花。

虽然这些孩子的病征不一样，发病的方式也不相同，但其实也只有两大类：有的是"内向性"，把情绪往内心压抑，成为身心症；有的是"外向性"，把情绪向外发作，造成行为失控等。但是无论哪一类，如果留心观察，都是与父母亲互相牵引的一种舞蹈方式，并非单单属于个人的一种状况。

让我们看看以下这段个案录像的片段：

这是一个十岁的小男孩，患上抽动症，身体不由自主地抽动，已经在医院住了一段日子。这片段记录的是在会谈时，父母子三人坐在一排。父亲不停地指责母亲教子无方：已经是全职母亲，怎么管教一个孩子也教出毛病来；为孩子带来太大压力。儿子在一旁听着，身体开始抽动。父亲仍然不停口，母亲露出十分委屈的神情，也很气愤，别过脸去向着儿子。儿子凝视母亲，突然焦急地说："不哭，妈妈，不哭！"原来他比谁都更早察觉到母亲在流泪，跟着就扑去安慰母亲，母子相拥痛哭，剩下那苦恼的父亲无人理会。

短短几分钟，我们看到一段家庭关系中最常见到的运作轨迹：当父亲责怪母亲，而母亲心中不爽时，孩子就会保护母亲。父亲以为自己骂妻子是为了保护儿子，结果更是把母子拴在一起。

让我们看另一段录像的片段：

这是一个十五岁的少女，患了忧郁及狂躁症，也是父母女三人并排而坐。女儿本来对谁都不理不睬，头发遮盖了大半边脸。她的母亲正在哭诉丈夫的不忠，三番两次地出轨，甚至一次在她出差时，把外遇对象带到他们的卧室，让她伤心得离家出走。丈夫虽然浪子回头，乖乖地坐在那里求饶，但是母亲的悲哀是那么深沉，无法停止内心的激动。坐在一旁的女儿,也是自然地站起来拥抱着母亲,陪着她一起哭泣。

母亲说:"我就是女儿,女儿就是我,我知道,她是为了我而生病!"可见母女一体,大部分都是基于夫妻之间的问题所形成的。

这个片段与上一段的寓意一样:当妻子觉得被丈夫伤害时,孩子就会飞身扑救。

二十年来,世上已经发生了很多变化,时间与空间都改变了,这些家庭关系的牵引却总是沿着同一轨道而运作。它们的剧本有不同版本,节奏时快时慢,演员的样貌不一样,但是在家庭的舞台上,时空的影响好像只有形式上的改变,演来演去仍然是同一幕戏!

为什么会是这样?

在过去二十年间,有大量研究报道父母矛盾对孩子发展的影响,尤其是父母如何表达及处理相互间的矛盾对孩子影响的问题。在此之前,我们以为只有家庭暴力或粗暴语言会影响孩子的精神健康,后来发现,孩子受影响之处,绝非仅限于此。因此,在最新的《精神疾病诊断与统计手册(第五版)》(简称DSM-5)就加了一项名为"受父母关系影响困扰"的诊断项目(Child Affected by Parental Relationship Distress,CAPRD)。因为父母之间所发生的任何瓜葛,无论有言或无言的表达,是否同居一室或分居,夫妻间的摩擦、暴力、敌意的离婚,或父母一方不公平对待另一方,都有可能对孩子造成短期或长期的精神困扰。而且不一定是激烈的争吵,冷漠而没有情感的夫妻关系,或无声的冷战,都会影响孩子各方面的发展,包括心理健康、学习能力、社交自信等方面,甚至导致疾病。

当然,所有夫妻都有闹矛盾的时候,这里所指的是长期激烈的而又无法解决的矛盾——这才是对孩子的发展最为不利的,会造成身心症、忧郁症、攻击性行为、暴力倾向、滥用药物、学业失败及自杀等问题。而孩子长大后,患上心脏病及癌症的几率也比其他人高。

关键并非在于父母有没有矛盾,而是他们解决矛盾的能力。如果夫妻保持互相尊重,理性并有效地处理彼此的分歧,孩子就不会受到坏影响,甚至反而因此增加社交能力和提高整体发展。

这是一个亲子的时代,孩子比什么都珍贵,但是如果只亲子而不亲夫妻,那么就得当心孩子成为精神病人!

父母矛盾与孩子身心发展
息息相关

为什么亲子而不亲夫妻,反而会对孩子不利?

这是一个值得思考的问题!

其实早在一九三一年,Towle 的研究就指出父母不和与孩子的精神健康息息相关。在过去二十年间,更有大量研究探讨父母矛盾与孩子身心发展的重大关联。

英国的 Harold and Sellers 最近把这些重要的研究做了一个整体性的整理:我们一向都知道家庭暴力对孩子有多方面的不良影响,包括忧郁症、行为问题、学业失败、滥用药物,甚至自杀。父母离异的过程,包括离异前、离异期间及离异后的矛盾处理方式,比离婚本身对孩子的影响都来得大。但是很多人不知道,父母之间的冷漠,无声的冷战、敌视,彼此冷落或父母个人内心的无奈与焦虑,对孩子同样具有重大压力,甚至造成孩子的精神疾病。

因此,孩子出现问题,除了本身理由外,也可以从父母关系及家庭环境气氛去理解。

例如学业问题,很多拒学的孩子除了外界的压力,很多时候都是家中有长年令人担心的父母,让他们有意无意地守护着。担心父母,是孩子产生问题很重要的因素。正因如此，父母关系出现矛盾，对孩子来说，是天大的事。有个十岁男童，问起他为什么不肯上学，他说："因为我的家人对我来说，比学校更重要！"

除了学业，人的身体也会对父母关系产生反应。有个十二岁的男孩头痛、骨头痛及肚子痛。后来发现，他的父母长年不和，正打算离婚，他们以为在孩子面前掩饰得很好。孩子却说："每晚都偷听到他们在争吵，怨气冲天，我却完全帮不上忙，只想他们离婚的话，不知要跟谁才好，想到头都痛了，也想不通，只好把这股气吞下肚子！"

他轻描淡写的几句话，就解释了他的症状。

我记得也有个北京的孩子说过，他的颈部长了一个瘤，是母亲在生产时怀着对祖母的怨恨所造成的；而他父亲的愤怒，又成为他血液循环内的毒素，怪不得他终日埋怨身体没有一处是妥当的。这孩子长得特别矮小——有些研究发现，长期生活在父母的怨怼中，孩子的身高也会受到阻碍。

孩子对父母的关注，从婴儿时期就开始。瑞士有一项研究，发现几个月大的婴儿不但关注母亲或照顾者，同时留意父母彼此之间的互动。父母一起亲近婴儿，婴儿就开心畅意；父母安详地闲话家常，婴儿就不引起他们注意，学习自处；如果父母争吵或其中一人面色凝重地接近婴儿，婴儿就会神色慌张地瞪眼，四处张望求救。怪不得长期不和的夫妻，往往给孩子带来很大的不安全感，这感觉甚至会陪伴孩子长大，成为孩子内在情绪的一部分。

婚姻研究专家 John Gottman 指出，有几种脸部表情十分伤害婚姻，包括悲伤、愤怒及冷漠。其实这些表情，更影响他们的孩子。有研究指出，长期暴露在父母愤怒中的孩子，长大后即使只看到愤怒脸孔的图片，他们脑部主理情绪的部分,包括杏仁核及前额叶,也会有异常的活动。

因此,并非在孩子面前大吵大闹才对孩子不利,无形的冷战同样具有杀伤力。我们在亚洲家庭治疗学院的一项研究中,也发现父母之间的相对无言,往往都会引起孩子很大的焦虑。有些孩子甚至告诉我们,宁愿父母吵架,起码知道他们在吵什么。沉默的张力让人更受不了。也有孩子说:如果连吵也不吵,就表示父母的婚姻更加无望。怪不得孩子往往用各种行为问题刺激父母。

心跳加速、手汗分泌、皮下温度、口水浓度、大脑扫描,都是近代用来测量孩子面对父母关系反应的工具。我们的研究也是让孩子观察父母对谈的模式,同时测量孩子的心跳和手汗反应,从而探讨孩子究竟对父母关系哪些环节特别关注。我们发现,孩子的最大反应,就是当父母关系出现危机的时候,其实不单是父母之间出现矛盾,父母本身的安危、身体健康问题、工作困扰、亲人离世或父母心中隐藏的不安,甚至秘密,孩子都会感同身受,即使口中没有说出来,他们的身体也会代为表达。

结论是,如果父母之间长期经历严峻而又没有解决的恩怨,孩子的身心健康、情绪、行为、学业发展及长大后人际关系的能力都会受到阻碍。有些研究甚至指出,这些孩子成长后,患心脏病和癌症的几率都比常人高。

问题并非出于父母之间有矛盾,而是他们对矛盾的表达方式和解决办法。很多父母都避免处理婚姻矛盾,却要处理孩子问题,而偏偏孩子问题反映的就是夫妻问题。

幸福家庭,就是夫妇能够透过孩子的问题,成功地解除夫妻之间的芥蒂,建立一个健康的家庭网络。不幸的家庭,就是父母的眼睛只看到孩子,却看不到对方,他们的孩子无法在父母身上体会什么是温馨家庭,只接收到人际关系的苦涩,无限焦急。

自 恋 狂 瘟 疫

Narcissus 是希腊神话里的著名人物，他长得十分俊美，终日蹲在湖边望着倒影自我欣赏，最后变成一朵水仙花，因此，水仙花就被称为 narcissus。

narcissists 指的就是这些极度自恋的人，他们当中有男有女，自大、狂妄，自认高人一等，什么都是"all about me"。很多辅导专家都认为，碰上自恋狂的人，最好是走为上策，避之则吉。坊间很多畅销书，都是教人怎样应付自恋狂的配偶或情人。

美国作者 Jean Twenge 和 Keith Campbell 认为，美国人的自恋倾向已达到瘟疫性的传播，在他们合著的一本畅销书 *The Narcissism Epidemic* 中，估计美国的自恋狂人数起码占全国人口的百分之二十五。如果这估计是正确的，那么他们无处不在，让你避无可避，甚至你自己也有可能就是患者之一。

不信的话，只要打开电视节目，见到的都是宣扬 narcissists 的内容。我随手转到一个 reality show，名为 *Say Yes to the Dress* 的节目，内容全是有关准新娘选购婚纱和计划婚礼的过程。这天我看到的，是一名自信心超级爆棚的女士，其外形与芭比娃娃同一模样，那当然是整容手术与注射 botex 的功劳。她的衣着暴露,态度夸张,说起话来旁若无人,不断自我褒扬。她的名字叫 Crystal(水晶),她说她的人生也要像水晶一样,闪闪发光。

她对婚礼的要求之一,就是礼堂必须挂满水晶,愈多愈好,连座椅及家具都要特别镶上水晶。她把这些要求告诉婚礼顾问后,也不问价格,就叫顾问直接找老爸付账。老爸看了报价单,光是糖果摆设就要花上一万多美元,吓了一跳,认为太浪费,提议椅桌不必镶水晶吧,水晶小姐听了又哭又闹,认为老爸爱她不够多,连婚也不肯结了。

为了找寻那完美的婚纱,一群姐妹们陪着水晶从旧金山飞到纽约,好不容易订制了她喜爱的款式,但是回头再去试衣时,水晶又改变了主意,认为那礼服的白色,不是她所要的那种白。她对着婚纱伤心欲绝,大发雷霆,婚纱公司的顾问完全拿她没办法,她的姐妹们站在一旁,知道劝她没有用。但是她们脸上的不耐烦,在电视屏幕上显而易见。

整个过程,只见她时哭时笑,一切都是 me、me、me、me! 极少见她提到别人,连她要嫁的那个男人,也只是陪衬,每次出现都要穿上她指定的服装。好不容易到了婚礼那一天,头发梳得不够好,生了一顿气,化妆不理想,又下了一番泪。好在老爸让步,礼堂布置得金碧辉煌,完全如她所愿,一颗水晶也不减少,水晶小姐立即又兴奋起来,感到一切幻想成真。

坐在镶满水晶的皇位上,水晶真的像个公主。只是别以为公主的父母就是皇帝与皇后,如果你女儿是公主,你大有可能只是她的忠仆。

这个故事不单为我们提供一个极端 narcissist 的典范,并且告诉我们,自恋狂是怎样造成的。

narcissistic parents 或 parenting 这个名词,在近代心理学文献上常

常出现，甚至有学者认为，有自恋的个人，就必有自恋的父母，因为自恋倾向是可以代代相传的。但是 narcissistic parents 与 narcissistic parenting 是两回事，前者是父母本身就是自恋狂，需要儿女成为他们的延续，完成他们那自我中心的幻觉；后者指的是父母教育子女的方式，有很大成分是受大时代的文化影响。

例如，近代教育很注重发展孩子的自我意识（self esteem），因此，对孩子的行为，总是嘉奖有余，生怕孩子心理受损，这些孩子长大了，也无法接受任何批评或挫折，像 Crystal 一样，连眉毛画得不够俏，也要在自己婚礼上情绪失控，试问将来如何处理婚姻路上所遇到的各种枝节？

有个爸爸听了他九岁孩子投诉一些生活上的不愉快，回应说："那么你就学习自己去处理，这么小的事就哭哭啼啼，将来长大了还有够你受的！"

父亲这种教子方式，恐怕吓坏了很多育儿专家。但是自我意识是一个人有了成功经验后才渐渐养成的，在没有尝试成功是怎么一回事之前，是很难强行发展自信心的。这种本末倒置的近代教育方式，往往扼杀了孩子的成长学习空间，甚至让他们长大后也往往不明白或不肯接受，成功是需要下苦功的。

很多学者都认为，我们这一代人，往往把 self esteem 与 narcissism 混淆了。人人都需要发展自我意识，那是一种内心的平衡，一种不必随波逐流，却又无需排除异见的踏实感觉，那是从无数经历、成功与失败、跌倒与跌倒后再爬起来，种种冲击所带来的一种心理成长。自恋的人格类型，却是唯我独尊、自私、自大、自我膨胀、对旁人毫无兴趣、脱离现实。有人说，自恋狂如果要自杀，只要爬上他们的"自我"（ego），然后跳下。可见其自我评价有多高！

The Narcissism Epidemic 的作者指出，现代人教子，总是强调孩子有多特别，怎样与众不同，却很少让孩子学习人与人之间的共同之处。前者是培养自我意识，后者却是培育 humanity——人性，一种人际关系的同理心；每个人都独特，但是每个人也都是凡夫俗子，必须在群体中找到人际关系的意义，才活得完满。

这里举的都是一些美国的例子，华人社会如何，且让我们自己思考。

其实 narcissism 种类繁多，有病理上的、心理上的、家庭流传的、文化上的、社会上的，甚至政治上或体制上的，形形色色，各有千秋。

社会学家 Charles Derber 在他的经典著作 The Pursuit of Attention 中，特别提出一种"conversational narcissism"——这些"语言自恋狂"在日常生活中常常出现，他们最喜欢听到自己的声音，最爱打断别人的话题，操控着整个社交言谈。这些人表面看来学识丰富，无所不谈，初见时让你无限佩服，不过，他们就像 Woody Alan 在 To Rome with Love 影片中所塑造的角色那样，很快就黔驴技穷，无法深入。而且他们对你的意见根本就没有兴趣，只想"借用你的耳朵"，让你全心全意做他们的忠实听众。

这些人在社交宴会中常常出现，遇上了，你就得准备度过没趣的一夜。如果成为夫妇，就会让你挨一辈子的没趣！

驯 "魔" 记

这孩子才十二岁,他们都说他行为怪异,情绪失控,专门与人作对,谁也制服不了他。已经大半年没有上学,学校不停催促,却没有办法把他弄出家门。

个案的主诊医生在门诊部见到孩子和他的母亲,他说:"我以往多是集中在行为的处理上,教导家人怎样去控制孩子的行为。但是我看到这母子十分紧贴,而且家中有个植物人父亲,让我有点焦虑,不敢随便建议。"

这是我在台湾见到的一个家庭。台湾的心理医生,尤其是儿童及青少年问题的专家,很多都接受过家庭治疗的培训,并不一味给病人用药。他趁我这次在台湾教学,邀请我一同会见这家人。

这男孩还有两个姐姐,据说二姐也曾经一度拒学,最近才返回学校上学。这次见面,母亲只带了二姐和小弟前来。我问他们大姐为什么不来,二姐抢着回答:"大姐半工半读,忙不过来了。"

我问:"你大姐在哪里工作?"

他们说:"新东阳。"

我又问:"新东阳有些什么好东西?你大姐有带回来给你们吃吗?"

他们知道我从香港来,姐弟两人忙着向我推荐:牛肉干、猪肉松,还有一种卷着肉松的烘饼!

我们谈吃的东西,谈得兴高采烈。我与孩子面谈,一般都不会先谈问题,因为最想看到的,是他们没有问题的那一面。

我看这两姐弟十分可爱,小弟尤其一点也不像形容中的小魔头。

我问那母亲:"我知道你丈夫生病了,是怎样发生的?"

原来这家的男主人不久前突然中风了,完全不能动弹,好端端一个人,从此卧床不起;说起来,家中每人都感到十分不甘心。母亲说:"前后不过两天,一个活生生的人就完全失去能力。"

姐弟听着,眼睛满是泪光。问起他们的父亲,二姐说,父亲最疼爱她,走到哪里都带着。小弟尤其记得父亲带他去儿童乐园,这么简单的父子活动,他反复提起数次。父亲突然失去健康,孩子就突然失去父亲。很多人不知道,父母的暴病,对孩子是多大的打击。孩子不习惯表达内心悲哀,只有简短的字句,但是他们是那么专注地聆听着母亲的陈述。

母亲感慨地说:"我们只认识三个月就结婚了!"

听到母亲说起婚后的点点滴滴,两个孩子都笑得很开心。父亲的中风,打破了整个家庭的平衡;每个人的生活都来了一个大转变。

我问二姐:"我知道你有一阵子也是不肯上学,你后来怎么改变主意了?"

她答:"我不想去上课,总觉得在外面被人欺负,再也没有可以保护自己的人。后来我看大姐也收拾心情,努力帮忙维持家计,一边上课,一边工作,我也不得不振作起来。"

与二姐谈了好一会,我这才问小弟:"你为什么不肯上学?"

他恨痒痒地说:"我恨学校的一切,老师和同学都不可靠,他们都在背后背叛你!"

我说:"真正背叛你的是命运,你看,你本来有个完整的家庭,才一转眼,就夺走一个健康的爸爸。"

我不知道他是否听得懂我的话,他久久不语,然后狠狠地说:"我不喜欢看到别人一家团聚!"

我说:"那当然!"

我很高兴有机会见到这个家庭。因为如果单独见孩子,很容易就会集中在他的行为问题上,其实孩子的行为,大都是反映着家庭内的大小事故。也许正因为大多数人都把他当作问题儿童,而我却为他的不可理喻带来一个合理的解释,小弟对我并不抗拒。

母亲投诉儿子说:"他总是缠着我,像一帖膏药似的老掀不走。而且把我管得紧,我想上舞蹈班去减压,他都不让我去! 我已经快要崩溃了!"

突然失去健康的父亲,孩子当然守着母亲不放手。我叫他坐到母亲身旁。母子相对,彼此间有说不尽的温馨。这才发觉,母亲的眼睛总是追着儿子走,儿子也是一靠着母亲便精神百倍。他说要保护母亲,母亲说谁要你保护,别给我添乱就好了。儿子说,如果不给你添乱,你就死沉沉的,没有生气。他们揶揄对方的口气,像是一对小情人。

怪不得他不肯上学了,原来家中已有最好的伴。母亲承认小儿子真的很贴心,她说:"我给这孩子喂奶一直喂到三岁!"

我故作夸张:"什么? 喂奶喂到三岁?"让室内每个人都去取笑他。

小弟不好意思地把脸别开——这正是我想达到的目的。孩子太依恋母亲的乳液,就无法离开母亲;离不开母亲,就无法长大。加上父亲的病患,让孩子更加理直气壮地顶替了父亲的位置。一个十二岁的小男孩,变得比母亲更高大,母亲当然管教不了他,反而是他处处管教着母亲。

很多家庭发生的重大事件,都会不知不觉地重塑家人间的互动形式。尤其是孩子,他们往往变得早熟,却又留恋幼儿的心态,因此一方面老练得像是母亲的父亲,一方面又像个仍在吮乳的婴儿,这种角色混淆,正是很多儿童行为问题的主因。

这时,我决定不再把注意力放在孩子身上,反而特别尊重母亲的权威。必须把她从与孩子平辈的地位提升起来,才可以恢复她母亲的角色。我邀请母亲放下儿子,坐到女儿身边,女儿十分高兴地依靠着母亲,每当母亲不自觉地又向儿子望去,女儿就用手挡住她的视线。

我与母亲讨论了很久她自己的事,叫她别理会小弟,故意让小弟容忍自己不能随意参与大人的谈话。并非这样就可以拆开母子之间的痴缠,但是这过程起码拉远了母子之间的距离。

小弟不动声色,明显地留心听着我们的谈话。最后,我才对他说:"我知道你一定不喜欢我刚才所说的话,但是慢慢地你就发觉,这对你是好的,你不能继续吃奶!"

我以为他会像往常一样发作起来,奇怪的是他竟然十分平静,还礼貌地与我握手。我趁机轻轻地把他的背转向母亲,让他望着窗外。我告诉他:"失去健康的父亲是一个无法补偿的损失,但是两个姐姐都尽力回归正常生活;你的世界也是在外面的,你放不下母亲,就永远都要做个断不了奶的孩子!"

我离开会谈室时,发觉小弟一直都没有转回身来,还搬了一张小板凳,坐在窗前,托腮不动。

后来他还在对此次服务的意见反馈表上写下："我不要做不断奶的孩子!"还说对这次会谈十分满意。

我也松了一口气,一个心理治疗师的最大考验,就是怎样挑战孩子,而又让他心服口服。

咬 舌 头 的 女 孩

我还没有回到诊所，那边就不停地来电催促，告诉我有个焦急的家庭，前一天就上门要求见我。恰巧我自己也在看医生，虽然预约，却总是不准时，偏偏这天还有个女人一直想插队，让我急得像热锅上的蚂蚁。

赶时间、赶车、赶人潮，大城市的节奏，让我这刚刚度完暑假的城市人也难以应付。狼狈万分地回到诊所，这一家三口已经在等着我。

一个九岁的小女孩，长得十分可爱，长长的睫毛，大眼珠不停转动。

她的父母迫不及待地向我解释女儿的问题，母亲还用手机拍摄了女儿发病时的脸部表情。原来这沉默的小女孩有自己咬舌头的倾向，严重时把舌头都咬破了。在母亲的手机上，还可以看到她不停地转动嘴巴，好像做脸部运动。

为了医治这个小女孩，父母已经见过不少专家，也多次送她入院。在公立医院没有起色，就送入私立医院，最近才在一间私立医院住了十多天出来，结果也是证明没有生理上的问题，但是前前后后已经花了几十万元。

现在他们被转介来见我，女孩十分不愿意，一直嚷着要走。爸爸解释说，刚才他们登记时，女儿知悉费用是照时间计算的，因此尽量不想浪费时间，为家里省钱。

如此苦心的孩子，为什么会染上如此奇怪的心理病？

父母来自内地，他们还有一个大女儿，比小女儿大三岁。为了给两个女儿开创更好的前途，夫妇决定移居香港。来港后，为了协助生计，母亲长期在别处打工，父亲一个人带着两个女儿，在一家杂货店工作，就住在店铺楼上，以方便照顾女儿。

其实小妹多年前就开始发病。为了照顾女儿，母亲终于在数月前辞去工作，回家团聚。没想到女儿的病情不但没有好转，反而加重，而且对母亲十分抗拒。母亲振振有词，认定女儿是受了家乡一个婶母搬弄是非的影响。

其实孩子的心病，总是离不开父母的问题。这小女孩患的是一种身心症，心里的焦虑，从身体上表达出来。她究竟焦虑什么？这一家人并不富裕，却不惜重金不断找专家寻求答案，让我心中十分不忍。我告诉他们，不必到私人诊所来见我，太昂贵了。我请他们到家庭治疗学院去做一个家庭评估，因为那里有赞助，服务可以免费。

所谓家庭评估，就是从家庭系统去了解孩子的病态。我们一般会要求父母讨论一些他们尚未解决的问题，同时测量孩子对他们的说话内容及互动形式有怎样的生理反应，包括心跳频率、手汗和体温变化。

评估一开始，母亲便急着指责丈夫坏脾气，凡事不与她商量。来港七年，经济毫无进展，反而负债累累，他的处世为人，没有一宗事让她觉得满意。丈夫尽量不回应，被逼得急了，就怪她啰嗦。他委屈地说："七年了，难道我没有努力吗？我不是像牛一样工作吗？"再说不下去，他就说，离婚算了。

小妹的生理反应，不断地超标，她的心跳，由开始时的每分钟一百三十次,多次增加到每分钟一百九十次。目睹父母的不和,她的嘴巴很自然地就转动起来,好像在告诉他们要停止吵闹!

这个为时半小时的评估,不但让我们有机会看到夫妻间所面对的问题,也可以了解孩子的心结。大女儿虽然没有出现问题,但是我请父母把她一起带来。因为姐姐对妹妹的观察,有时会比大人敏锐。果然,姐姐向父母提供很多他们意想不到的心声。原来她知道妹妹与她一样担心父母,看到他们天天争吵,心里很是不安。两姐妹在学校成绩都不错,妹妹尤其成绩优异,就是不善说话。她们知道父亲辛苦,尽量不去制造问题。

父亲说:"她们都很乖!很明白我的苦处!"说起这七年来,他是亦父亦母,而无论他怎样努力,都无法为家人带来生活的安定。乡间还有老母亲,这也是他忧心忡忡的地方,说着说着,一个大男人就流下泪来。

父亲在哭,母亲也在哭,这一对聚少离多的夫妻,从来没有机会学习如何互相配合。向来都是父亲与两个女儿相依为命,现在妻子从外地回来,要取回母亲的角色,谈何容易。两个一直盼望母亲回家团聚的小姐妹,也无法适应那本来是远距离的思念,突然变成近距离的管束。

只是一直以来,全部重点都放在小妹的嘴巴及舌头上,让父母都不必去处理他们自己的矛盾,而他们中间的矛盾,恰恰就是小妹不停咬舌头的主因。

这是一个移民家庭的悲哀。他们离乡背井,为找寻一个更好的将来,但是种种原因,不但事与愿违,女儿还得了莫名其妙的病,他们无法理解发生在自己身上的事。

面对自己内心的无助与彷徨,父母不再互相指责,姐姐和妹妹也跟着不停流泪,他们的遭遇,实在有太多值得一哭的地方!母亲拿着纸巾盒,一张张地把纸巾递给她的家人,让泪水把一家人连接起来。

七年了,七年来的哀痛,一个男人的孤独挣扎,妻子无法理解,因为她自己也在独自挣扎,但是两个女儿却都看在眼里,藏在心中,孩子爱莫能助,只有为父母咬烂舌头。

有趣的是,小妹在这一个多小时的倾谈过程中,完全没有咬舌头,也没有转动嘴巴,只是亲切地依在父亲身旁,默默流泪。

最后,治疗师鼓励她随着姐姐走到父亲面前,要求他不要老是提出离婚。父亲说他只是生气时才说的。姐姐说:"不是的,你有几次已经收好行李,要回乡去!"

他们倾家荡产,为女儿找寻病因,而病源,就在眼前。

看到女儿如此为他们着急,父母也很受感动。妻子坐到丈夫身旁,对他说:"我们学习如何相处吧!"丈夫如释重负,又哭起来,但是这次是放松的哭,他说:"你知道我有多累吗?"能言的妻子本来不自觉地又想说一番话,但是她在治疗师的提醒下,把话收回,反而用手在丈夫胸前轻轻抚慰。

两个孩子看到父母承诺接受夫妇辅导,学习改善关系,也安定下来,十分期待地离去。

父母活得不好,孩子也没有可能活得好,家庭评估让我们在很短时间就可以解读孩子的焦虑;可惜的是,我们往往为孩子提供很多个人评估,就是没有考虑家庭的因素。

选 择 性 的 缄 默

好端端的一个人，为什么会选择不说话？选择性缄默症（selective mutism）是个有趣的症状，也是个耐人寻味的现象，因为说话、不说话，本来就是一种选择，为何选择不说话，就是一种病？

这个男孩十五岁，被诊断为选择性缄默症。从小学开始，他就不出声说话，老师拿他没办法，只好让他用眼睛来表达，同意时眨一下，不同意时眨两下。又叫同学去帮他，让他向同学低声耳语，然后由同学代他发言。这些办法在小学时还行得通，甚至让他看起来很有独特性。但是上了中学，一个不肯说话的人就很难生存，因为很多学习都是小组活动，同学再也不肯与他同组，免得他的奇怪行为拉低了全组的分数。

转介这个家庭的社工感到十分气馁，他说："无论我怎样努力，以各种方法去启发他，换来的仍是一个毫无表情的反应！"

原来他在家中也是一样不爱说话，家的面积很小，他睡在客厅，自己用书籍堆成一道墙，谁也不许碰。母亲不小心移动了，他就会大发脾气，闹个不休。父亲看不过眼，但是每次教子的经历都是不欢而散，甚至被疑为虐儿。

这个家庭，牵涉了各种不同服务机构，每个人都想让这个少年说话，但是千军万马，都无法让他开金口！

他们要求我们为这家庭做一个评估，同时警告我说："别想他会与你说话！"

其实要他说话，并不是我的目的，我只是好奇，这个少年可以长久地保持缄默，身旁必有很多代言人。

与这一家三口会面时，少年人固然不说话，父母也没有什么话说。父母只是唠唠叨叨地数落儿子：不听话、不回应、东西乱放、起居没有规律。焦点都放在孩子身上，好像问题完全属于孩子一个人。治疗师最怕碰到的情况，就是父母一同向你投诉儿女的行为问题，让你无从着手。

因此我对他们说："孩子是家庭的产品，在谈孩子前，能否让我先了解你们的家庭？"

母亲其实是个健谈的人，她坦白地告诉我们，自己在内地的农村长大，丈夫是媒人介绍的，相识半个月便谈婚嫁。来到香港，发觉一切都与想象中不一样。她说："当时很不习惯香港的居住环境，像笼屋一般，实在难受！"

加上这是丈夫的第二次婚姻，还留下一个几岁大的儿子让她照顾，一结婚就做母亲，而且孩子对她十分抗拒，处处排斥她，可见这个过埠新娘有多为难。这种婚姻的悲哀，就是夫妻的结合往往基于不同的需求——男人想要一个家，女人向往一个更好的天地。这本来并无不妥，问题是，这种配合很容易造成一种同床异梦。来港二十多年，她还是保养得十分年轻。她承认，与儿子关系特别密切，与丈夫就无可奉告。谈起妻子的经历，丈夫无从回答，只好问她："你有不开心的地方吗？"没有等她回应，丈夫便代她答道："她一直都很快乐，没有不满意之处！"

对丈夫而言，他最大的苦恼是孩子不听话，只想有人为他把孩子修理好,并不愿意多想妻子是否快乐。单凭这个小回合,就可以想象这对夫妻之间有着多大距离,反而是那个不说话的孩子,眼珠不停转动,紧紧地关注着父母的一举一动。

其实一个人不说话,并不等于没有表达,眉目之间,他一直是不断地回应着我们的谈话,只是不用语言而已。

我让少年人坐到我的身旁,对他说:"他们都说你不爱说话,你知道吗,不爱说话的人,耳朵特别大,你的耳朵大吗?"

他听话地坐到我旁边,让我像医生一样检查他的耳朵。

我又说:"不用嘴巴的人,特别会用眼睛,你的眼睛流利吗?"

他的眼睛十分清朗,真的溜来溜去,极为利落。

我又说:"你选择不说话,一定有你的理由,听说你在家中用书本把自己包围起来,是想要保护自己的空间吗?"

他听不懂我的话,用眼睛示意叫我解释。

我说:"有时大人的世界过于复杂,小孩子就会把自己收藏起来,用尽办法与外面的世界划分界线。你明白我的意思吗?"

他微微点头。

与一个不用语言的人沟通,往往造成的效果就是他愈不说话,你就愈说话,而你愈说话,他就愈不说话,因此我必须记得不能比他更着急。但是在旁观看的母亲就按捺不住,几乎所有我问孩子的话,都被她抢着代答,她是孩子的声音、孩子的手脚。我叫孩子站起来让我看看他有多高,母亲的身体立即就移动起来。可见长年以来,母亲的满腔情怀、关注与渴望都投注在孩子的身上,怪不得孩子一方面依靠她,一方面又控制她。

好在这是一个明智的母亲,她知道长此下去,孩子就会成为"隐青"

（隐闭青年），只是她不知道，她自己也不知不觉成了"帮凶"。

我继续对孩子说："我知道你为什么不说话，因为一直以来，很多人都代你说话。只是这办法在孩童时代还行得通，长大了就会困难重重，而且长期没有说话，想说也说不出来，因为已成习惯，你担心吗？"

他点头，努力发出一些单字，我看这孩子长得唇红齿白，脸上已经长胡子了，便忍不住开他玩笑："你看，你已经长胡子了，谁帮你刮胡子，是妈妈吗？"

他们都笑起来，母亲也笑着自首："他问我怎样刮胡子，我自己没有这个经验，只有凭想象去给他示范。"

我问："怎么不去问爸爸？"

这才确认，父亲在家中好像完全没有角色。

我叫少年拿出纸笔，把"隐青"两个字写下来。他背着一个大书包，却说没有笔，当然又是妈妈为他找笔。又说没有纸，这次母亲没有动，倒是父亲从衣袋里找出一张纸头给他。

我见少年人的字体十分清秀，便说："如果不想做'隐青'，就写下你的决心吧！"

他真的写下"我不想做隐青！"

我示意他找父亲帮忙，他带着纸条走到父亲跟前，父亲却说了一大堆与话题无关的教训。我叹一口气，对父亲说："我相信你一定很久没有与孩子谈话了，儿子找你帮他，你能否痛快地回应：好！我帮你！"

母亲这才加了一句话说："与他说话是对牛弹琴！"

也许你现在明白，这少年为什么选择不说话。他周边有太多保护网让他不必开口；他的家庭关系也有太多难言之隐，虽说是选择性的缄默，其实他别无选择！

孩 子 的 空 间

从丹麦来了一位博士研究生,到家庭治疗学院来临床实习两个月。近代各地大学都鼓励研究生到不同文化环境去实习。但是很多外地来的学者,都是单骑走天涯,安耶却与别人不同,与她一同出现的,不单有她的丈夫、她的父亲,还有三个儿女,最大的女儿才十岁,跟着是七岁和两岁的儿子,还加上一部婴儿手推车及一堆毛绒娃娃。

阵容如此浩荡,我还是第一次见到。

其实是安耶一家五口先来香港,她的父亲为了和女儿一家过节,才大老远地赶来会合。欧洲人对家庭的重视,不下于中国人,不同的是他们即使关系密切,人与人的界线仍然一点也不含糊。安耶一家在黄金海岸租了一间小公寓,父亲却在九龙的酒店下榻,三代人挤在一起的观念,对他们来说是天方夜谭。

记得我以前在国外居住时,有一次我丈夫的细嫲①到访,我们特别为她安排了酒店,她生气死了,赖在家中不肯走,教训了我们一个晚上,她说:"即使挤在地上睡,一家人也不能分开住。"结果我们不但损失酒店

----

① 粤语,爷爷的侍妾或续弦,此处指爷爷的续弦。

押金,还得把自己的床让给她睡。

与安耶一家人去吃点心,大碟小碟的,小家伙见什么就一手抓去放入口内,两个大的却乖乖坐着,没有父母的吩咐,谁也不敢动手。原来他们父母做了特别安排,让孩子离校两个月,把课堂搬到东方的世界,在现实生活中学习。欧洲人喜欢带孩子外游,以前在欧洲旅游,总是碰到很多父母亲带着孩子讲解古迹。——现在看到安耶夫妇手忙脚乱地带着三个幼儿,才让我想起这个欧洲人的传统。我觉得这些孩子十分幸运,小小年纪就可以放眼世界。

三个孩子年龄不同,父母给予的待遇也不一样。大女儿年长,可以随身携带手机,大弟却不能,只有不断斜着眼睛看姐姐玩游戏。大人忙着说话,注意力很少放在孩子身上,除了小家伙需要特别照顾,明显地,这是大人的时间。吃过午饭,才把孩子带到公园,那是孩子的时间。各守各位,界线分明。两个孩子很有礼貌,自信而十分低调,不像一般美洲孩子那样自以为是,也不像一些中国孩子那么依赖着父母。

安耶来香港学习东方文化,我却从她的家庭教育中,找回一些久已遗忘的欧陆痕迹。

我们临床工作上所见到的家庭,让安耶十分惊讶。那天我们看到一个十二岁的男孩,被诊断为多动症(ADHD)及亚斯伯格症(Asperger syndrome),父母自认为无法与他沟通,于是我们便提议本来坐在父母中间的孩子,坐到父母对面,让他们对谈起来。很快就发现,孩子的说话能力很强,与母亲对话,简直是舌剑唇枪,对答如流,不能沟通的倒是那坐在一旁没法插话的父亲。

其实父母所谓的沟通,大多都是要求孩子听话。不单听话,还要以大人的思想为思想。这是一位身经百战的母亲,自小就面对各种坎坷,没有任何事可以把她难倒。成家后，更是八面威风，她说，丈夫对她十分迁就。他却说:"不迁就不行!"唯独儿子一味与她对抗。

问题是，她认为对的事，谁也别想左右，两个男士都称她为虎妈妈。正因如此，丈夫就变得无言，而孩子就磨练出一张有理不饶人的口。我问他:"你口才这般了得，将来想当大律师吗?"

他答:"不! 只想吃喝玩乐!"

虎妈妈被气得要发作。我却忍不住说:"我也是!"

谁不想吃喝玩乐? 但是这并不等于不上课或不做分内事。

母亲后来说:"我平时听他说这些不负责任的话，就气得要骂他。现在看来，实在不必如此动气!"

话是这样说，很多过分负责的母亲很难容忍孩子有别的思想。这些老是与母亲抬杠的孩子，其实也不一定是不听话，反而是无法离开母亲，才会如此纠缠。像这孩子说的:"其实母亲的一举一动、一个小表情，都会牵引着我!"

当然，最让安耶困惑的，是那个被当作透明的丈夫，他怎会由得妻子与儿子霸占全部空间，甚至要儿了为他表达，也不肯出来主持大局? 这位前卫的欧洲女性，更是无法了解一个只与儿子周旋而不管丈夫的中国妻子。

而最让她费解的，是这些被诊断为多动症或亚斯伯格症的孩子，看到他们与家人的互动，就会发觉他们的行为其实很正常。像这个少年，他的多动也许是补足了父亲的不动。至于亚斯伯格症，是自闭症的一种，患者不善社交、固执、思想偏激、行为古怪、喜做重复动作，这些形容放在任何一个青春期的孩子身上都十分合用。男孩说，他为了躲避母亲，把自己关在房中，缺乏朋友，也不爱上课，只顾上网。与母亲争执起来，说话刁钻古怪、夸张而又不切实际，这都是典型的青少年行为，现在却被诊断为精神病症。

但是最让安耶莫名其妙的，是这些青少年分明是冲着母亲而来，为何我们却说他们是与母亲不能分体？这是一个奇怪的现象，想想看，如果孩子真有独立的思想，又怎会全神与父母作对？一切古怪行径，都是为了要摆脱对父母的依附。因此，愈是无法抽身，愈是矛盾重重。

我们在同一时间也看到另一个有亚斯伯格症的青年，他的母亲诉说婚姻平淡，丈夫无法了解她的心底需求。她说："很遗憾，我最希望的就是有个 soul mate！"那个被认为一直与她作对的儿子却不由自主地反应："我不就是你的 soul mate 吗？"

心灵相通，并非一定是柔情蜜意，有时互相攻击也是一种满足轰轰烈烈的心灵需要。只是如此一来，孩子与母亲就成了平辈，母亲又怎能成功施教？孩子与父母的问题，往往不是缺乏沟通，而是没有界线，角色混淆，尤其父母关系不密切时，孩子就会成为母亲或父亲的争取对象，这种困在三角关系中的孩子，很容易就背上各种标签和表现出各种病症。

怎样才是健康的家庭？无论哪一种文化背景，都应该有个适合孩子发展的空间，让孩子安心地做孩子，不必时常考虑大人的遗憾、失望和苦涩。只是知易行难，世上没有十全十美的父母，孩子都是家庭的产品，又怎有可能不受人间烟火的熏染？父母能够做到心安理得，已经很难得了。

重 绘 家 庭 拼 图

第一次接触这个案时，我其实一点把握也没有。案主是一个二十多岁的女生，美国知名大学的毕业生，但是几年前回到香港的家后，却是足不出户，情绪时起时落，被诊断为双极性情感疾患（bipolar disorder）。发起病来，与父母争吵得天翻地覆，吵过后，又会变回乖女儿。父母费尽思量，却毫无头绪。

这类病例我见过很多，在亚洲各大城市都有这些年轻人的影子。只是见多了，更感棘手。要了解这种病态并不困难，甚至可以套入一个方程式：几乎每个病人背后都有一对长期不调和的父母，一个完全投入父母关系的孩子，一种两代人难分难解的纠缠！

这个方程式很简单，解决方法也不难，只要让父母重新建立夫妇体制，不再需要靠孩子去维持，让孩子有机会从父母的矛盾中解脱出来，建立自我思考，走自己的路。这样简单的道理，为什么让我如此为难？

因为道理虽然简单，要实行起来，却绝不容易。首先，有冲突的夫妇，往往都说，对婚姻没有指望，只想把精力放在孩子身上，这种思维恰恰就是对孩子走入铁三角的一种邀请。再说，孩子出了问题，大多数人都把焦点集中在孩子身上，尤其是这些年轻人，大多学历丰富、聪明伶俐,如果他们精神上出了毛病,都怪他们自己缺乏适应能力,无法应付大环境的压力,怎么也连接不到父母之间的关系。

孩子的最大心愿,就是把不和的父母拴在一起,插入自己的一脚,去平衡父母那岌岌可危的两只独脚。三足鼎立的道理就是取掉任何一脚,这个鼎都会塌下来,因此,即使家人认同问题的所在,他们却谁也不敢动弹,一动就会让家庭失去平稳。

要搭救这些被卡住的孩子,就得像拼图游戏一样,仔细地探索和整理混杂无章的家庭图板,然后再堆砌出整个家庭的画面。虽然每个家庭都有不一样的前因后果,故事千变万化,但是万变不离其宗,几块基本图板,往往就隐藏着整个家庭的乾坤。

第一块图板所显示的,是年轻人背后的父母亲,他们大都有一段坎坷的历史,基于种种机缘际遇,两人日渐生疏,同床异梦——甚至不同床。这块图板内往往都有一个十分苦涩的母亲,一个无可奈何的父亲——一对格格不入的配偶。

像这少女的父母,他们从新婚蜜月开始就积存了不少芥蒂,接着是长期的天涯海角各一方,聚少离多,结婚二十多年,实在共处的时间可能还不到半年。其实相聚时也是矛盾重重,索性不见面。长期处于分居生活的妻子,一直以来都过着没有伴的孤独生活。她说:"我已经习惯了,人生就是如此,再也没有什么要求!"

丈夫在家中找不到慰藉,全部精神放在事业上。他知道妻子心中有怨,但是他认为不需要处理,对外一直保持一派理想家庭的形象。夫妇两人大半生的时光,就是这样郁郁寡欢地度过。

另一块图板,是一个眼睛离不开父母的孩子,长期观察着母亲那阴霾满布的脸色,她不知道母亲为什么那样不快乐,父亲又为什么如此疏离。她说:"我自小就羡慕别人的家庭,总觉得他们很温馨,很多时候我责怪母亲把自己放在受害者的位置,对不常见面的父亲,反而是有点美化了。"

于是她不知不觉地就站在父亲的一边,久被拒之门外的父亲,也不知不觉地把全部情怀投到女儿身上,以女儿为中心,为女儿张罗一切。每当母亲与女儿发生争吵,父亲总是制止妻子,女儿愈发变本加厉,不断挑母亲的毛病。母亲被攻击得体无完肤,说起话来就充满隐晦,更证实了自己受害者的形象。女儿投诉要脱离父母,但是孩子不在身边的日子,父母之间更不知道如何共处,尤其是父亲,情绪全无着落,千方百计想接近孩子。女儿也同样不是真的放手,多年来一直与父母缠在一块,说起父母就激情流露。

在这些拼图片段中,有着各种不同的人物配搭,有夫妻,也有母女、父女,或父母与女儿三人的共舞。把这些碎片堆砌成大图案,你就会明白女儿的忧郁是这整个家庭的忧郁。

这家庭还有一个年龄与女孩相仿的小弟,每个人都把焦点放在大女儿身上,小弟变得有点隐形。其实他的角色同样出现在拼图的每个画面里,只是不像姐姐那样戏剧化。与姐姐不同的是,他与母亲十分贴心,与父亲并不亲近。家中每个人都把女孩当作病人,他对姐姐更是小心翼翼,不想刺激她的情绪,姐弟也因而无法真正亲密。他说:"我们是个紧密的家庭,但是我对姐姐的认识都是从父母那里听来的。"

如果小弟学会以年轻人的坦诚与姐姐相处,他将是这个家庭中的一股能量、一股新气象,把姐姐从上一代那郁闷的缠绕中,拉回年轻人的世界。

这个家庭的疗程,就是这样一小段又一小段地,把家庭内的每个小拼图拼成一个大画面，让一家人面对多年来一直回避的困难，重新整理各人的角色。我分别做父母亲的工作，让他们变回夫妻，又做姐弟的工作，让他们恢复姐弟角色，如此轮流配合，再四人汇合，让他们有机会尝试以崭新的方式交流。

父母的工作尤其困难，经过多年的冷漠，要求一对痴男怨女学习互相支持，当然不是易事。好在丈夫实在是个爱家的人，当他了解到自己对妻子的疏忽原来如此祸害家庭，决定临老做个好情人，妻子即使初时不断泼冷水，最后还是软化下来。

姐弟两人本来都不相信父母真的可以改变，尤其是女孩，搬出各种前尘旧事缠着他们不放手。但是父母立场坚定，她也不得再无理取闹，开始以较成熟的态度与身边人交流。而那一向深藏不露的小弟，也畅通起来，不再做个旁观者。家庭就是如此有趣的一个大系统，当局内人被各种复杂情绪捆绑在一起时，他们无论怎样努力，也看不到彼此，必须松了绑，才可以找到对方。

我们很努力地工作了两个月。酝酿了二十多年的落寞、失望与愤怒，经过一番惊天动地的情绪起落和冲击，他们终于明白：我们不单要了解自己的家庭拼图，还要重绘一个新拼图——一个让每个人都活得痛快一点的新画面。

父母感叹说："作为父母，我们犯了很多错误！"

我却说："你们唯一的错，只是没有让孩子知道什么是一对恩爱夫妻。"

因为，那才是孩子最需要的一块家庭拼图。

为 上 一 代 清 粪 便

　　强迫症是个有趣的心理病,病人会产生各种奇形怪状的行为,重复又重复,不停洗手,不停收集物件,不停购物,甚至厌食、暴食,都可以算是一种强迫症状。

　　大多数强迫症状都是病人个人的行为,即使给病人带来诸多不方便,甚至危害身体,但是与人无怨尤。我见过一个女士,她的强迫症状是不能按钮冲厕所,甚至不能进厕所,大小便只有用痰盂解决。问题是,谁去清洁这些粪便?

　　女士有五个女儿,她们就轮流为母亲倒屎尿。

　　母亲有很悲壮的过去,她在内地农村成长,婚后与丈夫一起偷渡来港,两人历尽辛酸,成功地建立起他们的家庭事业,一个香港上一代人的典型成功故事。然后,丈夫另有新欢,回家的时候不多,即使回家,夫妇一见面便吵架,势不两立。

　　说起她的故事,女士喋喋不休。大半生的沧桑,一宗宗旧事,轰轰烈烈,丝毫不模糊地展现在我们眼前。五个女儿听着,眼中闪着泪光,这故事她们已经听过无数次,但是每次都让她们情绪牵动,她们全都是听着这个故事长大的。

比较起来,女儿们的故事是那么惨淡无光。大女儿已经三十多岁,尚未成家。除了白天上班,晚上回家就是伴着母亲,忠心耿耿地为母亲卖力。二女儿已经结婚,有一个小女儿,她家就住在附近,全家人每天都回母亲家去吃饭。三女儿大学刚毕业,有个要好的男友,母亲埋怨她“女生外向”,其实她十分内疚,尽力把男友往家里拉,但是男友是家中独子,将来一旦结合,两家人可能不知如何取舍。两个小妹,仍在上大学。五个女儿,只有一个成功离家,其实也走得不远,一家人就是那样被千丝万缕捆绑成一连串。

　　上一代的粪便,就是那样莫名其妙地全部交由下一代去清理。

　　很多强悍的母亲,她们都有一段坎坷感人的奋斗经历,她们也往往都有一个或一个以上忠心的女儿,为她们张罗。

　　我认识另一个母亲,不,应该是一个祖母,她也是在内地的农村长大,嫁入重男轻女的夫家,受尽折磨,最后忍无可忍,带着小女儿逃到香港。迫于生活,她在香港改嫁,新丈夫家中已有妻儿,不但她要忍受各种折磨和奚落,连小女儿也处处受制于人。

　　母亲理直气壮地说:“我告诉女儿,不许哭闹,寄人篱下,就得忍让,由得他们欺负! 捱到底,就会捱出头来!”

　　她真的捱到第二任丈夫去世,由她接管家业,从此呼风唤雨;但是,她的女儿长大后,却是同样数度婚姻不幸,总是恋上不该爱的男人,对母亲则是爱恨交加,难分难解;连第三代——女儿的女儿,也是无法振作,待在家中不出门。三代女性纠缠在一块,在她们生活最丰裕的时候,情感上却完全无法动弹。

　　过去数十年间,我国有很多忍辱负重的女性,她们坚强,满是斗志,每人都有自己独特的故事,历尽艰辛,没有她们过不了的火焰山。奇怪的是,她们一直伴在身边的女儿,却往往身不由己,情绪十分脆弱。好像母亲愈有能力,女儿就愈无能;母亲愈是刀枪不入,女儿就愈会遍体鳞伤。或许是基于母亲一味只顾往前,她身上的负能量都跑到女儿身上去了。母女情意结是十分复杂的一回事,女儿是母亲的守护神、母亲的贴身棉袄,虽然表面看来她们总是为母亲添乱,骨子里却是与母亲互补,不离不弃。

我有一个年轻病人是剑桥的大学生,成绩也不错,但是她无心向学,只想回家与母亲相守。这女生满脑子茫然,完全不知道自己想要什么。剑桥是一座丰富的学术殿堂,身处其中,她却只感到迷失,唯有在母亲身旁才觉得踏实。母亲也是一个女强人,无论夫妻关系有多疏离,她都保持正面姿态,完全否定自己的感受,只顾在事业上出人头地。女儿一方面依赖她,一方面却非要迫着她面对婚姻的落寞,不停挑开她的伤疤。

母亲说:"谁的婚姻没有问题?我们都习惯了,没有什么要求,你把书念好就成!"

女儿却说:"如果你什么都说没事,全部否认自己的真正感觉,那么,我也不可能追求自己的真实意愿!"

原来这女儿也是母亲的废物站,装满了母亲抛出的废气,腾不出自己的空间。

我们都知道做人要积极,但是人不是机器,不可能没有困扰,有时会消沉,甚至软弱。这些母亲的逞强,也许只是一种外表,也许她们害怕一旦面对自己的悲哀,人就会崩溃,只有奋勇直前,永不言败。像那偷渡游泳来港的母亲所说:"人在水中,又冷又累,但是不能不死撑下去,一放手,人就死定了。"

但是这种蛮劲,会令人变得无情、麻木,让身边的人为她恐慌,却又无能为力。而女儿，很容易就担当了这个角色。很多如此被母亲情绪牵制的女儿，往往用尽气力打击母亲，要令她示弱，结果母女不是势不两立，就是不分彼此，两者都有不能分体的现象。

上一代经历过社会动荡，生存不易，很多父母都有一段沧桑史，他们身上有着一股不屈不挠的干劲。但是太过强硬的母亲，却往往让儿女情绪压抑，成为上一代的附属。当然，他们谁也没有故意这样做，一切关系模式都是潜移默化的。这里说的是母女，因为女儿对母亲有一种微妙的依附、一种无法摆脱的忠心，让她们不离不舍，却又忍受不了。

太强不成，太弱又不成，母亲究竟要怎样才能让儿女安心？

如果真有模范母亲，我相信她一方面有惊人的生命力，不屈不挠，却不是终日把自己的身经百战挂在嘴上；同时又能接受自己懦弱的一面，在孩子面前不强颜装笑，或修饰自己的悲哀。笑时笑，哭时哭，她有战场上的英姿，也有小女人的柔弱，即使一生的不幸让她感到心痛，却也没有内伤，不会发出苦涩的味道。孩子在她身旁，只感到一种无忧无虑的安全，不必背起上一代的包袱，有足够空间发展自己的故事。

世上真有如此不受人间烟火污染的母亲吗？也许没有。孩子要长大，就是接受世上没有十全十美的父母，才可以自己上路。只是大部分离不开家的孩子，都无法明白这个简单的道理，甚至穷一生的精力去改造父母。

千万别找老妈出头

　　大伟快五十岁,已经患忧郁症多年,他的主诊医生不想光是给他开药,决定把大伟一家三代都请过来,进行一项家庭评估。

　　上有高堂,下有两个儿子,还有一个年轻的妻子,三代同堂;大伟应该是得天独厚,但是他偏偏是毫不起劲,大部分时间都是老爸在说话。

　　老爸说,他患有癌症,但是一直都很放得下,大半生的问题都难不了他,就是儿子的问题解决不了,让他十分丧气。他对儿子说:"我们知道你很孝顺,但是你不用担心我们,不要把全部专注放在我们身上,要多多关注妻子和儿子。教育这一代的孩子需要沟通,不能只用权威,要放松,不要太执着!"

　　听老爸说话,语重心长,甚有条理,只是他的这一番话对孩子说还好,对一个中年人来说,就有点让人摸不着头脑。大伟没有答话,只说关键是自己的儿子不听话,处处与他作对,不把他当一回事。

　　他的两个儿子,的确对他十分不客气。大儿子已经十三岁,与父亲说话,粗声大气的,总是数他的不是。兄弟两人本来并不和睦,时常吵架,但是在对付父亲的时候,就会出奇地合作。

　　处于两代人中间,大伟只感到上下夹攻,压力四面八方而来;而最大的压力,莫过于妻子,因为没有一个女人会喜欢丈夫对母亲比对自己更亲!

人人都说大伟孝顺,每天放工首先就去探望父母。老爸说,儿子话不多,只是看看父母亲做些什么。爸妈都对他说:"你不用天天来探望我们,你把自己的家庭处理好,不用我们操心,就是最大的孝顺!"

大伟没有反应,但是他心中并不赞同父母的话,他觉得自己最大的问题是儿子不听话,与他的教育方式没有关联。老人认为儿子是问题,儿子认为自己的儿子才是问题。一代追着一代,很少有人明白这三代关系的紧密互动与循环模式才是背后的黑手,把每一代人拴在一个关系的网络中,一环扣一环。

归根结底,还要从上一代开始。原来那位不多话的老妈,才是这家庭的支柱,三代关系都靠她主持。大伟是长子,自小就与母亲心连心,母亲给予他全部关注,为他张罗一切,事无大小,都由母亲代为解决,连老婆也是母亲找来的。但是大伟与母亲愈是密切,妻子就愈是与他疏离。每次夫妻闹别扭,他就会躲在棉被内不出来,等着母亲来劝架。儿子出生后,每遇到问题,大伟更是依赖母亲,寂寞的妻子也就愈是与两个孩子打成一片。一个三代家庭,本应是中间的一代最具实力,因为需要关照上一代的父母,又要关照下一代的孩子。而大伟这个家庭结构,却是无论上一代或下一代都比他强,他躲在棉被内的行为,就如同他躲在忧郁症背后,同样是避免面对自己的烦恼。

很多这一类的病人都会长期靠药物维持,很难走出病人的角色。好在他有一位十分投入的主诊医生,坚持要打破这个僵局,布下天罗地网,让大伟不得不为自己的处境费心。

父母一直埋怨要为大伟操心,究竟操心什么? 一问之下,才知道每次大伟与大儿子争吵,小儿子就会叫祖母来劝阻。住在隔壁的祖母会立即赶来,首先劝阻孙儿,要他理解父亲是病人,不要计较;而大伟,习惯性地又躲入大棉被内,久久不出来。

要打破这种恶性循环,大伟必须表态。几经折腾,他终于对妻子说:"我不希望你们把母亲叫来,这只会让我在儿子面前完全没有地位!"

他的声音很弱,好像完全没有自信,但是起码他开始尝试,而且他说得很对,这不全是教子无方的问题,而是因为他的妻子心中恼他,绝对不会支持大伟;儿子亲妈妈,当然也不会让大伟好过,加上全家人都知道祖母才是权威,祖母愈能干,大伟就愈显得无能。老爸不停叫儿子放松,其实要放松的是两个老人家。他们一面说要享受退休生活,要游山玩水,一面又习惯性地要去拯救儿子。祖母说,每接到求救电话就会赶着奔去,老爸只是说得潇洒——她说:"事实上,他还嫌我动作不够快,催着我呢!"

大伟说:"孩子的行为其实是一面镜子,反映着两代人的行为!"既然如此,那么他可以做些什么? 他说:"把镜子打碎吧! 也许我应该与妻子建立联系?"他第一次企图放下母亲,转向妻子,说:"我们学习自己处理问题吧,你可以帮我吗?"

人到中年,才开始知道要处理自己的家庭关系,说晚不晚,只是他大半生都没有处理矛盾的经验,现在要从舒服的大棉被中走出来,像个初生儿一般去重新学习处理家庭关系,谈何容易。但这起码是一个好开始,如果他自己没有强烈的意愿要去改变,那么任何心理辅导也很难生效。当然,也全凭他主诊医生的执着,不离不弃,激发出他心底的动力,让他不再把一生埋藏在棉被内。

最重要的是,主诊医生为这男人及他的家人提供了一种"新药",这药的名字叫作"面对人生,千万不要找老妈出头"!

三 代 瓜 葛 集 一 身

三代同堂，原是家庭美事。但是上两代的恩怨，如果没有好好排解，就会反映在下一代的问题上。

基基只有十岁，却患上忧郁症，在学校的调查问卷上，还填上有自杀倾向及企图，吓坏了老师和家人。父亲拿着那份问卷，愁眉不展，基基倒是十分机灵，他一项项地向我解释问卷的内容：有没有自杀的意念？有！什么意念？他用手比喻割手腕。有没有自杀企图？有！什么企图？他说曾经尝试要跳楼。

为什么想死？他说因为妈妈只顾关心妹妹！

七岁的妹妹就坐在母亲身旁，长得真的是十分讨人喜欢。她也知道自己有多可爱，处处摆出一副引人注目的模样，与她说话时，又装作爱理不理。兄妹之间很有默契，哥哥没有说完的话，妹妹会替他完成；妹妹脸上犹疑的表情，哥哥也会用语言为她表达。

很快就发现，基基不但替妹妹说话，他还会为家中每一个人作旁白。说起他们的家庭背景，父亲说："我们的婚姻来得不易，拍拖十年，一直不为妻子的父母接受。"他在旁的岳母理直气壮地插嘴："我的女儿是大学生，他却只是一个小职员，我们当然不赞成！他们结婚时，她父亲也不来参加婚礼!"

基基立即重复:"外公没有来参加婚礼!"

基基为何对大人的事如此清楚?他说:"是听外婆说的!"

结婚十年,外祖父已经去世了,现在外祖母搬来与他们一起生活,但是对女婿的奚落,尽在言谈中;基基与妹妹都好像习惯了与强者看齐,说话的方式和内容,处处仿效外祖母——祖孙三人你唱我和,原来基基长年与外祖母同床,祖孙两人形影相随。外祖母的心态,也不知不觉地成为孩子的心态。

反而是孩子的父亲,名义上是一家之主,但是每当他发言时,其他家人都是顾左右而言他,一点都不把他当作一回事。尤其是基基,老是与老爸唱反调。婚前没有被妻子的家人接受,不过,现在父亲已经由小职员升为主管,反而是妻子由大学生变成家庭主妇,应是他吐气扬眉的时候,没想到婚后一样被拒之门外。

父亲满肚子委屈,举出一个又一个例子,例如:最近他们一家到东南亚旅行,妻子与母亲外出,吩咐他在旅馆替儿女洗澡,但是孩子都不听他的。他一气之下便与基基相打起来,那也是基基要割腕的一次。结果不但妻子怪他,连女儿也向外祖母告状,说爸爸是恶人。说起这件事来,两个孩子仍然振振有词,不断数落爸爸。

一个在家中没有地位的父亲,教起孩子来当然十分困难。

但是他据理力争,继续想发挥父亲的威严。他说:"小小年纪就满口粗话,不停说'delayed no more'……"

"什么是'delayed no more'?"①那愚钝的原来是我!反而是基基忙

———————————

① 英文"delayed no more!"是广东话粗话"屌你老母"的谐音。

着给我提示。他立刻说:"是同音,是同音! 你想想同音是什么就会知道!"

我试了一回也不明所以,却让我看到这孩子是怎样善于在大人之间周旋。对于大人说的话,基基都了如指掌。家中三个大人其实对话不多,却让人感到一种张力,孩子不自觉地就在中间拉拢和补充。长期生活在家庭摩擦中的孩子,对大人的瓜葛,就是如此过度敏感。

这孩子只有十岁,怎么就变成家中的小老人,比祖母还要年长? 他留心父母,想亲近父亲,却又学足了外祖母一样的语气贬低父亲,这是一个弄不清自己年龄和位置的孩子。

归根结底,关键出自父母,他们排除万难才结为夫妻,婚后却没有成功地处理两代之间的冲突。丈夫不断埋怨丈母娘,认为孩子问题都是拜她所赐,却小心翼翼地避开谈到妻子,可见这是夫妻间一个敏感话题。

父母的逃避,很快就被基基拆穿:"他们一谈就会吵架!"

妻子说:"我已经尽力在母亲与丈夫中间调停!"

外祖母洋洋得意,她说:"我一生中最宝贝的就是女儿! 别无他求。"

夹在丈夫与母亲之间,妻子的调停显然没有生效。丈夫对岳母的满肚牢骚,大部分都是发作在孩子身上。渐渐地,连妻子也站到母亲的一边,对丈夫的行为愈来愈不满意。上两代的是非、夫妻之间的矛盾,两个孩子都看得明白,尤其是基基,与其说他妒忌妹妹,不如说他承受了三代人的矛盾,不能抽身。

家族的恩怨,是不会自行解决的,它会以各式各样的形式,潜移默化地一代扣着一代,反映在孩子身上。好在孩子出现问题,也是一个让家人修补矛盾的好机会。

父亲感叹地说:"与岳母的问题,并非一朝一夕,但是却一直无法说服妻子站到自己的一边,所以一败涂地!"

他说:"我面对的是神一般的对手,却只有猪一般的拍档!"

父亲不知道,如果你认为老婆是猪,她就会给你猪一般的回应;如果你怕岳母如神,她也会发挥神的威力。人与人的关系都是阴阳互补的。

要建立一个代代温馨的家庭,父亲就要寻求新的方法,改变局面;他需要成功与妻子组成神一样的拍档,把岳母变成猪一样的对手,这样孩子才有机会回复孩子的位置。

家 庭 关 系 的 空 间

这年轻人是大学生,却不断因为失控被关入精神病院。

每一次都是很小的事。例如父母与他商量入住学校宿舍,结果不但宿舍去不成,反而入了精神病房,一住就是两个月。

我开玩笑地问他的主诊医生:"是你们的环境很优越吗? 还是饮食特别好?"

从案例的报告看,这年轻人是个让父母及专家都十分头痛的人物,但是见到人时,原来只是一个大孩子,谈吐得体,有条有理。像很多年轻人一样,他埋怨父母管教太严,对父亲尤其愤恨。

我问他:"父母都严,为什么会更恨父亲?"

他答:"因为母亲只是裁判官,父亲却是刽子手!"

为什么刽子手会比裁判官更可恨? 他像报告论文一样,娓娓道来,兜了一个大圈子,我其实听得一头雾水。

只见在旁伴着的母亲听得十分投入,不时为他补充,好像很了解儿子的心事。她说以前因为工作太忙,没有照顾好孩子,让她十分内疚。曾经有专家说她给儿子的爱不足够,因此她现在是加倍补偿。坐在一旁的父亲一动也不动,他说话缓慢,母亲很不耐烦,后来索性对我说:"你不用问他,他不会说话的!"

一个不会说话的父亲,一个替人说话的母亲,一个精神失控的儿子,这究竟是怎么一回事?

要了解一个家庭,不能只听它的故事,更要观察它的互动。故事是平面的,只有在互动中才有机会看到人的关系。很多人不知道,人的关系与空间是有密切关联的,例如这对母子,说是爱得不够,其实却是母子之间完全缺乏空隙;母亲的一举一动,儿子都看在眼里,印在心中,而儿子没有说完的话,母亲自然就会为他补足,这个脐带剪不断的现象,往往配有一对彼此空间无限遥远的父母——很多应该传送给丈夫的情绪,却全部由儿子接受。如此一来,孩子的问题,反映的往往是上一代无法疏导的心结;而夫妻关系的疏离,又让父母无法有效地处理孩子产生的问题。

这种家庭关系的恶性循环,造就了很多孩子的情绪及行为问题。我从对孩子的研究及治疗工作中发现,百分之九十以上的孩子问题,都离不开这种家庭结构及空间分配。

要解决这种问题,就要增加母子的距离,缩短夫妇的距离,让夫妻合作起来,一同处理孩子的困扰。道理很简单,过程却很艰巨。对那把全部心思放在孩子身上的母亲,叫她与孩子增加距离,无异是最残忍的事,她答应了也很难做得到;要求长年不合拍的夫妇彼此接近,也简直是要他们的命,因为恰恰就是他们无法配合才会疏离;要那长期混杂在父母矛盾中的孩子学习抽离,也绝非易事,因为他们习惯被父母情绪牵动。

我见过很多孩子,认知上都很清楚自己不要再纠缠在父母的瓜葛上,但是只要见到母亲流泪,很自然地就立即流泪。他们不知道,基于长期的接近,父母内心的情绪已经透过各种途径,成为他们自己的情绪,挥之不去。

像这个长期住院的大学生,与他单独交谈,完全是个正常人,但是一旦对着父母,就会心潮澎湃,失去常理。母亲愈是表达爱他,他就愈是失常,那完全是缺乏自己空间的一种反应。我每看到这个现象,就忍不住探索父亲的位置。妻子说他不善语言,但是他并非无话。他认为孩子的问题严重,只是妻子没有理会他罢了。说着说着,他终于透露,孩子在家中已经变成小霸王,对他尤其是千般折磨。

他说:"那天我为他准备晚餐,他嫌我做得不好,迫着我自己掌嘴……"

老爸说来泪流满面,他说被逼得离家出走已经不止一次。

妻子却忧伤地对他说:"如果你搬走,这个家就散了!还算是家吗?孩子还有家庭温暖吗?"母亲始终选择与儿子同一阵线!三个人如此捆绑在同一空间,作困兽斗。

我问他们:"家中出了一个'恐怖分子',你们真的以为可以这样维持现状吗?"

这里所指的空间,其实不单是物体的空间,更重要的是心灵的空间、情绪的空间,甚至爱与亲情也需要空间,否则最好的心愿和付出都会夹杂不清,成为负担。

那天,我们就是这样一层一层地揭开这一家三口之间关系的迷雾,年轻人出奇地没有抗议,反而静静地听着。我对他说:"你也许不喜欢我们的讨论,但是我希望你会好好听着,你以为你在控制父母,其实你只是离不开他们!"

父母拉着我问:"那么我们要怎么办?"

我说:"你想儿子改变,就要学习夫妇同一阵线,同进同退!让儿子自己学习成人的生活，为自己负责！"

我把他们从座椅上拉起来，拉到室内另一角，把儿子留在远处。这只是象征夫妻与儿子需要重新定位，像孔老夫子说的，父母有父母的位置，孩子有孩子的位置，各守本分，才会天下太平。但是在这家庭的空间上，要达到夫妻同一阵线，儿子与母亲分体，还有好一段路。

家庭治疗的路迂回曲折，但是只要肯坚持，所有恶性循环的模式都是可以打破的！

戒 母 亲

这个女孩十八岁,却一直与母亲同床!

同床本身当然不是问题,问题是她完全无法离开母亲,对学校生活一点兴趣也没有,一上课就与同学闹情绪。由十二岁开始,就以各种理由出入儿童精神科,学校社工与教育心理学家想尽办法协助她投入校园,但她总是以各种借口回到家中。

这些拒学的孩子,大多数都离不了家。愈拉她出来,她就愈抗拒,甚至引发出各种精神问题,叫人完全无计可施。有趣的是,有了病,就更加理直气壮地与母亲同床;而母亲,也顺理成章地多享受一下拥着小婴儿在怀里的慰藉。

并非所有孩子都愿意长大的!母亲的怀抱始终是最安全的地方。

长年习惯扮演一个病人的角色,身边的人都把她当作一个小孩子来看待。我尝试当她是正常人一般交谈,发现她其实是可以正常回应的,说得兴起,我甚至笑她怎么像个婴儿似的要与母亲同睡?她忙着说:"不睡了,我回家立即就搬回自己的房间!"

我说:"哪有这么容易,我才不相信!"

她坚持可以做到,叫我信她。

一个月后她再回来，告诉我真的成功离开了母亲的床。

我很好奇，问她自己睡和与母亲睡究竟有什么分别？前者是占有自己的空间，呼吸着属于自己的空气；后者却是与母亲息息相关，呼吸着彼此的气息，把对方的情绪都吸收到自己的五脏六腑，很难分辨彼此。她补充说："不单吸收到母亲的气息，还看到她的眉头深锁！"

婴儿与母亲的依恋关系，其实大部分都是这样形成的。我问她："那么，你真能适应一个属于自己的空间吗？"

她坦白承认："起初不习惯，但是还捱得住！"

孩子有进步，母亲的焦虑却开始浮现。

她埋怨女儿仍是不能持续上课，回到家追着她不放，不停投诉同学的不是。她说："人人都叫我不要理她，但是她缠着我不放，由客厅追我到厨房，喋喋不休，直到我耐不住脾气骂她。又哭又闹，连邻居都被吵到，我完全是被动的！"

曾经有几次母亲气得叫她去死，结果母女两人一起闹着要跳楼！更是让人感到危机四伏。这些离不开母亲的巨婴，实在不是容易应付的。

怎样解开母女的纠缠，才是关键问题。我请她们把实际情况当场扮演出来，让我们真正了解。女孩有点不好意思，但还是勉为其难，腼腆腼腆地追在母亲后面，怨天尤人，完全不可理喻，却逼着母亲回应。母亲一边走一边不断回头与她讲道理，追来逐去。父亲看着，忍不住提议："不如由我来扮演，实况要比现时的表达更为剧烈！"

父母很努力地向我们示范女儿有多疯狂，显现出前所未有的合作和投契。我也在旁煽风点火，不断问："什么时候开始尖叫？什么时候才要跳楼？"

女儿从父母的扮演中，看到自己行为如此荒谬，吵着说："不成，不成,我要戒掉这个习惯!"

胡闹了好一会儿,我对她说:"我小时候也很善于向母亲发难,一次因为她不肯买玩具给我,就哭倒在地上打滚,又踢又叫,比你更强!"

她不服气地说:"我也会倒在地上哭叫的!"

我继续:"但是我母亲比你母亲明智,在这种情形下,她知道怎样不为我所动,完全不作反应。我闹了一回,发觉没有观众,只有乖乖地自己收拾情绪;而我,也就学到人生第一个重要的课程!"

女儿问:"是什么?"

我答:"就是无论你怎样吵怎样闹,都不会有人理你!"

母亲好像突然有所领悟,她说:"我就是不能摆脱她,因此总是作困兽斗!"

我鼓励她说:"也许我母亲成功,是因为她知道我只是小孩子闹情绪;而你们把孩子的所有问题,都归咎于她是个病人,才被牵引得不能动弹。"

女儿问我:"你是否认为我很不正常?"

我说:"你与我说话,一点也没有不正常,与父母说话,却像个三岁的小 baby! 所以不能全怪是生病!"

她说:"但是我不能接受同学在背后批评我!"

我说:"我也不喜欢别人在背后批评我,但是如果我十八岁,就会学习自己处理,不会把母亲当作唯一的发泄对象!"

其实孩子对母亲的依附,并非来自无法应付外面的压力,反而是自小就对父母的关系缺乏安全感,长期留心父母的举动,才导致无法发展家庭以外的人际关系。但是这对父母已经为女儿的行为费尽心思,此时探索夫妻之间的矛盾,岂非雪上加霜,不如先让他们较有把握地处理好这个大婴儿，其余再作打算。

奇怪的是，经过一轮角色扮演，一向置身事外的父亲，竟然自告奋勇，拉着妻子要做她的"驯兽师"。而母亲，也转向丈夫求救，甚至同意如果女儿再去打扰她，她就离家去接在老远工作的丈夫下班，然后夫妇两人约会去。

当然，最重要的是女儿也答应要学习自己处理情绪，无论遇到任何不如意的事，都先让自己平静下来，可找她的主诊医生及学校的支援团队求助，就是不能找母亲！

母亲对孩子的关注，是绝对不容置疑的，但是要治疗这女儿的病，却要戒掉母亲，真是匪夷所思。

对 立 性 反 抗 症

诊断精神病症的金科玉律《精神疾病诊断与统计手册(第五版)》出版后,引起业界很大反应。好些学者认为新版扩大了精神病患的领域,例如对孩子的诊断:对立性反抗症(Oppositional Defiant Disorder, ODD),将会把很多不听话的孩子都变成精神病人。

最近几周,一连见过几个孩子,都说是患了 ODD。其中一个只有八岁,看上去只是个瘦弱的小男孩,一点儿也没有杀伤力,但是据说失控时任谁也平定不了,只有把他送医院。难教的孩子,已经让父母头痛不堪,如今变成病童,父母更是一筹莫展。问题是,很多孩子都会在不同的时段失控,究竟孩子是大发脾气,还是精神病,是两种完全不同的思考;前者是把孩子当孩子看待,后者是把孩子当作病人处理。

如何辨别,我觉得家庭评估十分重要。因为每一个精神病童身后,都可能有一对不和的父母。

下面是一个十四岁孩子的故事。

这孩子是双胞胎之一。哥哥没有什么问题,弟弟却背负着一连串的精神病症,ODD、ADHD(多动症),起码有四五个机构在跟进这个家庭。不久前两个孩子与父亲大打出手,结果是把弟弟送入医院居住。

当时我想，三个人打架，怎么送入院的只是弟弟？

我后来问起这个问题，父母也说这正是小弟的投诉："为什么只把我拉走？"母亲补充说："他认为该入院的是父亲！"

几句简单的话，同时勾勒出这个家庭的脉络。小弟源源不绝地细数自己心中的委屈，他与哥哥出生虽是相隔几分钟，但是一生下来就体弱多病，兄弟相比，他的体形就细了一圈。本来一同上课，后来又比了下来，不但要入住儿童医院，还要转校。

我鼓励他说："我听社工说，你在新学校与医院都表现不错呀！"

他忿忿不平地回答："我现在读的是 brand 3 学校，怎比得哥哥在brand 1？"

初时我们都以为这是手足相争，但是很快就发觉这只是表征，他最对抗的原来是父亲。

他质问父亲："你是名校的毕业生，又是专业人士，知识和履历都比人高一等，怎么在家中就可以横行无忌，可以恶言骂人、打人？"

母亲赶快出来调停，她说，那次只是自己出来劝架，意外地被丈夫打肿了眼睛，小儿子便从此记恨在心。

如此说来，弟弟对父亲的愤恨，有很大因素是为母亲抱不平。他承认，实在觉得父亲对母亲不好，有时不得不挺身而出。因此，父子之争，绝非只是父子不和，个中关系千丝万缕，永远是牵涉着母亲，甚至更多的家人。

小弟从小就容易生病，母亲需要多加照顾，很自然地就形成母子同心。母亲心中的苦恼，尤其对丈夫的不满，儿子都一览无余，渐渐就养成不断观察父母、为弱者抱不平的习惯。

小弟既然如此投入家庭关系，免不了怪责哥哥置身事外，因此，总是向兄长惹是生非，拳打脚踢是家常事，每次父亲出来阻拦，两人之战就成为三人大战，母亲出来劝阻，就更成为家庭暴力。

哥哥也并不真的是毫无反应，只是反应与弟弟不同。他说，明知父母多年不和，做儿子的理也理不了，只好把自己关在房间内，只怪弟弟不断无理取闹，迫着他卷入漩涡。

其实父母不和，哪有置若罔闻的孩子。只是空讲无凭，因此我邀请这家人参与我们一项特设的家庭评估，用电脑仪器探索孩子对父母关系的反应。我们让父母商量一些他们尚未达到一致的地方，同时测量孩子在目睹父母互动时的生理反应。在这历时半个小时的过程中，父母谈来谈去，都是各说各话。母亲不断叫丈夫学习沟通，说话不要大声，父亲不断否认妻子的指责，声线自然提高起来。半个小时下来，夫妻两人虽然并没有大幅度的争拗，但是谁也没有说服谁。计算机录得两个孩子的量表，有相同，也有不相同之处。相同的是父母出现僵局的时候，两个孩子都有反应；不相同的是兄弟各自对一些小节的回应，例如每次父亲声音提高时，哥哥的反应尤其厉害。

哥哥解释说，每次父亲提高音量，就怕父母会吵起来，不可收拾。其实父母这次对话，彼此都很克制，看来并没有吵架的危机。弟弟却说，平时很难见到父母会坐下来对谈，没有想到父亲也有难言之处。很多长久经历父母矛盾的孩子，心中都有一种不安全的感觉，即使父母没有吵架，他们也会凭记忆去判断当前的情境。如此看来，哥哥对父母的关注，一点都不比弟弟少。

他甚至认为，我们不应该要他们交谈，因为他不相信父母改变得了，每次尝试都只会让人不忍目睹。

哥哥的逃避，与弟弟的不断挑战，恰成对比。一个是可避则避，一个是以他那奇怪的行为引人注目，不让家人继续疏离。

父母听了孩子的心声，不得不面对彼此的分歧。初时以为夫妻间的事与孩子无关，没想到上一代的矛盾没有解决，总会以不同途径传到下一代。我问他们："其实你们一早也知道婚姻出了问题，不是曾经寻求过婚姻辅导吗？怎么不去了？"他们说，去了两次，丈夫就诸多批评，结果只有让妻子更生他的气。

怪不得大儿子对他们全无信心。不单如此，父母的例子让兄弟两人的发展都受到重重阻滞，处事对人，总是充满敌意。哥哥说："我知道自己一直裹足不前，直到最近遇到一个好导师，才让我努力突围！"弟弟却是不能放下父母，仍然不肯走自己的路。好在父母终于对孩子承诺，他们决心接受婚姻治疗，为他们提供一个和谐家庭。

父母担心孩子的行为，孩子的行为却往往只是反映着父母的悲伤、愤恨和落寞。而最具杀伤力的，是他们彼此之间的仇视。

如果对立性反抗真的是一种症状，那么，小弟所极力反抗的，该是父母关系长久不和所发散出来的冲天怨气。

婴 儿 的 三 角 关 系

我们都知道母亲与婴儿是互相依附的，母婴的 bonding，是天经地义的一回事。最近瑞士的一项研究，却发现初生婴儿并非只依附母亲，同时依附着父亲，证实了婴儿不单只与母亲互动，而是与母亲、父亲的一种三人共舞。

这项研究对象是三四个月大的婴儿，在系统性的观察下可以发现，原来他们的眼睛不单注视着母亲，还会随着父亲走动。如果父母一同逗着孩子玩，孩子就会十分得意，手足舞动，咿咿呀呀地发出声音。如果父母自己谈话，孩子就会盯着他们看，不停做出小动作，引发他们注意。最令孩子不知所措的，是当父母面无表情时，孩子就会很严厉地向他们瞪眼，然后十分无趣地转移注意力，但是不出几秒钟，又会恢复向父母瞪眼。

过去二十年间，有大量文献证实初生婴儿拥有十分机灵的警觉，对四周环境及人物都很敏感，甚至天生就具有吸收父母感受的能力。但是早期的母婴研究大都集中于母婴两人，父亲往往是隐形的。近代的研究引据，却愈来愈证实父亲的重要性。尤其当婴儿察觉亲近自己的母亲面目呆滞、没有反应时，除了自己努力引她注意外，还会不时用眼睛找寻在场或不在场的父亲，好像寻求救兵，这就是三角关系的开始。在婴儿的三角互动中,有时是单独与父或母相处,有时是与父母一起沟通,有时是父母在婴儿面前交谈,婴儿只是旁观。前两者是婴儿与父母的直接接触,后者却是从观察父母的行为中学习人际关系。

这些发现,不但证实了婴儿生来就有洞悉三人互动的能力,甚至扩展了 Freud 对 Oedipus complex 的一些理论——这个又称为恋母情结的现象,是心理分析的基本,但是一直以来都是以个人内在心态为归依,而且大部分学者都认为这情意结是在孩童时代才发生的。这项研究却掀起了婴儿的铁三角关系,并证实了这不只是一种内在心态,而是实实在在发生在婴儿的现实世界。

这些研究婴儿与父母关系的新发现,同时为成人的三角关系带来一个更早的注解。我们知道,当父母的关系出现矛盾时,子女就会介入而形成一个三角鼎立的位置,但是我们没有想到,婴儿几周大就开始关注着父母。他们时而参与,时而旁观,而父母的表情,尤其母亲的脸色,对婴儿具有无限威力。

在临床工作中,往往听到子女形容母亲的表情。有人说:"妈,你的面孔太苦了!"也有人说:"我妈不会跟我爸争吵,但是她脸上的表情,那一副受害者的模样,却比任何声音都更响!"这其中有很多是成年人,他们往往投诉母亲的苦涩,但是即使他们要逃跑,眼睛仍不得不盯着母亲看,甚至不必用眼睛,父母的面目也牢牢摄在心中,原来那是从婴儿开始就难以放下的一个习惯。

这些婴儿研究,让我们了解到成人三角关系的更深层次。最近见到一个青年男士,他自己也是两个孩子的父亲,却完全拒绝自己的父母探望孙儿,甚至要同父母决裂。祖父母抱孙心切,无法理解儿子的坚持,只好把一切问题都归咎于两代的不同价值观。

表面看来，儿子真的有点不近人情，但是留心观察，就会发觉父母的一举一动都逃不过他的眼睛。儿子那样不想接近父母，自己却无法不监管着父母，从他们的生活起居以至做人态度，分明是父母自己的事，儿子却完全无法抽身，而且总觉得错的是父亲。偏偏父母之间长久无法协调，母亲无法说服丈夫，但一肚子的不满和无奈都写在脸上，儿子下意识地就出面与父亲对峙。这才发觉，父子之间不停冲突，无论父亲说什么，对或不对，儿子都必会加以抨击。

我示意父母互相讨论一些他们自己要处理的事情，像一般老夫老妻，他们总是各说各的，很难谈得起劲。他们自己不觉得怎样，儿子却听得投入，不断分析他们说话的内容、对与错。这种行为一点也不像要与父母决绝，反而像前面提及那些努力观察和维系着父母的婴儿。

一个成年人与父母如此难分难解是很让人苦恼的，怪不得男子要求决裂。但是这种分割都只是表面的，只是因为在心理上无法脱离，才故意在现实生活中划清界线。男人的妻子也说，他仍然为了父母的一些小事夜不成眠。如果他真的不在意父母，又怎会如此容易被他们所牵动？

奇怪的是，男人对儿时父母的关系完全不复记忆，只知道无法忍受母亲的愁眉苦脸及父亲的无理取闹。他甚至不知道自己想要什么，只是老是感觉到一种焦虑和抗拒，不想让父母接近自己的孩子。这其实是个虔诚的宗教家庭，表面上两个老人家是一对理想夫妇，骨子里虽然长期不和，却并没有大问题，如果不是这个婴儿研究的提示，我们很容易就会受表面行为影响，只把这问题当作是父子之争，而忽略了那父母子从小形成的三人舞蹈。

好在男人有个善解人意的妻子，她不希望自己的儿女失去接近爷爷、奶奶的机会，处处为家人拉拢。最后，男人对父母说："如果你们两人关系变得和睦,我就会与你们和睦。我与你们和睦,我的孩子就会接受你们!"简单的几句话,却真的道出了三代人的情绪牵连。

这项发现让我们同时了解,父母眉目间所传递的信息有多重要。一个产后忧郁的母亲、一个心神不宁的父亲、一对隐藏着矛盾和冲突的夫妇,会给婴儿带来怎样的一种危机感?怪不得有多项研究指出,如果长期处于父母的冲突中,孩子成长后不但缺乏安全感,甚至罹患癌症或心脏病的几率也比常人高。相反的,如果父母关系良好,心畅神怡,婴儿也顺其自然地长大,没有牵挂,这才是彻底的亲子之道。

你 的 心 与 肺

　　她的名字叫韦恩，十八岁，从深圳到香港读国际学院，已经到了最后一年，却突然患上忧郁症，完全无法应付学校的功课，甚至不能上课。

　　这种情形，最焦急的当然是父母。他们都认定是学校功课压力太大，女儿应付不了。

　　韦恩自己也说不清楚，只感到一片迷茫。

　　连她的精神科医生都说要给她加药，否则无法应付日常生活。

　　这个无法应付生活压力的孩子，在父母面前却是十分机灵。她说："我与母亲总是闹别扭，她什么都要管着我，要把我变成她的翻版！"

　　父亲也同意，他说："我也觉得母亲管教太严，我与女儿就没有这种问题，不过妈妈也是好意！"

　　母亲直接回应女儿："我完全是为了你好，我不理你，谁理你？！"

　　女儿却认为有问题的是母亲，一直要求父亲带母亲去看心理医生，父亲则忙着解释自己的立场。

　　这种父母疏离，一心一意把全部关注放在孩子身上的家庭结构，我这一周内就见了好几个不同的版本。很多夫妻不合拍的父母都说："我对夫妻关系没有什么要求，只想把全部心思放在孩子身上！"

他们不知道，万千宠爱在一身的孩子，是最难离家的孩子。

这就是韦恩的故事——

她说："我来自一个幸福家庭，父母都宠我，我也觉得一切都好；直到妈妈陪我来香港升学，我开始发觉，父母亲被我分开了，而且比起我来，妈妈更难适应这个新环境。她很孤独，又没有朋友，说是她来陪我，不如说是我去陪她，我们一直都是出双入对，像小姐妹一样。我觉得爸爸一个人留在家里，也很孤单。我本来很喜欢我的学校，但是为了让妈妈回到爸爸那里，我说服了他们让我转到寄宿学校。"

我问："你在寄宿学校那么多年，容易适应吗？"

她用英语回答："初期很困难，学校全部用英语对答，我都听不懂。我故意避开其他来自内地的同学，只与说英语的同学来往，直到我可以说流畅的英语。好在我的数学成绩很好，而且我会弹琴、唱歌，老师和同学都喜欢我。其实初时不单是语言，文化也是问题，我本来对衣着并不讲究，只穿普通的 T-shirt。为了追上同学的潮流，我努力研究时装杂志。最糟糕的是，我以前长了一脸暗疮，每当别人望着我，我就无地自容，妈妈带着我，上天下地，中西医都看遍了，最近才找到有效的药物！"

眼前的韦恩，英语流利，衣着入时，脸上的青春痘也消失了，应该是一切进入轨道；怎么在她最有能力准备进入大学阶段的时候，反而泄了气？最要紧的是，她的忧郁症让她不能处理日常生活，现在连约见医生的细节都由母亲包办。

我说："你的故事是这样感人！外面多大的困难你都成功克服了，离家多年，应该学会独立了呀！"

她答："外表是独立了，心理上却仍然紧接在一起。"

她继续说："一直以来，妈妈与我是没有秘密的，我什么都不瞒她，但是我慢慢长大,并不认为她的意见一定是对的。她就很受不了,老是对我说:我为你做了多少牺牲,你不知道吗?你是我生命的全部,我不能没有你……我想她也是很寂寞,我不能这么自私,弃下她不顾,但是每当她紧紧地随着我说东道西,我又觉得不能喘气……"

我说:"所以你就发病了?"

她答:"也许是潜意识吧!我不是故意这样做的!我知道我爱妈妈,也恨她!我想爱与恨,都是同一回事吧?"

她当然不是故意这样做。身心症的道理,就是当一个人内心有解决不了的心结时,身体就会替你表达。当父母的爱超过一个孩子正常年龄的适当需要时,孩子一方面会反抗,一方面也会以各种奇怪方式,包括身体发病,以配合父母的过度关爱,让父母的满腔情怀有所寄托。

我对韦恩说:"你的分析能力很强,这也解释了为什么你一方面拒绝妈妈过分入侵你的空间,一方面又不停引她不要罢手!也许你的忧郁症是为母亲而设!"

我看韦恩,个人状态甚佳,很快就会到外国升学。只是一说到母亲,就忍不住眼睛泛着泪水,失去她的冷静。其实,现在她父母需要她,比她更需要他们,尤其是母亲,她的哀伤是那样深,全部反映在她那紧绷的肢体语言上。一直以来,女儿就是她的一切,现在女儿不再需要自己了,她只感到被拒绝、被抛弃,心都碎了,自己的男人,却往往只是教训一顿:你太紧张啦,一早就应该放手啦!

恰恰是这些话,让女人更感孤独!父亲当然也不好过,只是较善于掩盖自己的孤独而已。长期把情感全部投资在孩子身上,而不去经营夫妻关系的父母,在孩子离家的时段,不但彼此无法互相安慰,孩子也会临别依依,无法上路。

我想起一段父子对话。一个情深款款的父亲对儿子说："你要我的心、我的肺，我都可以给你！"而他那精神失控的孩子却说："我不要你的心、你的肺，这样大的债我还不了，况且我自己也有！"

最需要你的心和肺的人，其实并不是孩子，而是你的老伴！

三 角 关 系 的 前 因 后 果

在家庭关系的领域中，我们常常提到三角关系。究竟什么是三角关系？它的样貌如何？

三角关系，指的是当两人关系产生矛盾时，很自然地就会引进第三人，形成一个三足鼎立的形势，稳定了两人矛盾所带来的危机。因此，当父母关系产生不和时，最容易加入、为他们带来平衡的就是孩子。

在铁三角内的孩子，最典型的象征就是不能分化（lack of individuation），即不能清楚地分辨感觉与理性。不能分化的子女，往往会以父母的感觉为感觉、父母的经验为经验。

三角关系是人际关系的一个重要理论，很多东方学者认为这是西方文化的产物，因为西方文化重视孩子的独立，早早就把孩子踢出家门；而东方文化注重家庭，以家庭团结和互相支持为准则。其实三角关系理论在西方也并非容易被人接受，它的创立人 Murray Bowen，一直被人批评为过度注重理性，不懂亲情的重要，在他离世的前一天，仍然要为分化理论作辩护。

其实，三角理论所支持的是情感上的独立，并非物体上的独立。夹在三角关系中的孩子，总是担心父母的关系产生问题，这是从幼时就养成的一种心态。父母关系的不和睦,孩子看在眼里,潜移默化,化为心中的不安全感,老是要赖在家中,甚至产生各种病征,制造留在父母身旁的理由。

我以前也不是 Bowen 的"粉丝",但是自从回到亚洲工作,发觉百分之九十以上的孩子问题都与三角关系有关,不由得我不信。这些孩子所患的毛病,包括饮食障碍、思觉失调、忧郁症、拒学,以及各种奇形怪状的精神及行为问题。

初步探讨时,他们大多投诉问题来自学校或朋辈的压力,但是很快就发现,这些孩子的情绪不是与母亲,就是与父亲紧紧地联结在一起。刚刚就见到一个十五岁的年轻人,已经有大半年不肯去上课,他说不能认同学校制度。其实他最不认同的是父亲,与父亲谈话的语气及态度完全反映出母亲对父亲的不满。母亲投诉父亲"大男人",但是儿子比父亲更具权威,这个被认定为家中恶人的父亲,其实在家中毫无地位。当儿子代替了父亲的位置,他自己在学校及朋辈之间更是无以自处。

三角关系有各式各样的面貌,上面的例子只是其中之一。一般来说,都是孩子卡在大人的矛盾中,不知不觉扮演了一个不属于自己的角色。很多时候他们都会特别与父亲或母亲联盟,代他们其中一人出手追击另一人。一个患了厌食症的女孩说:"我认为一个男人应该担起保护妻子的责任,在人前维护她,而不是奚落她;我爸爸不能扮演一个丈夫的角色,我就一定站在妈妈这一方,哪怕她是毫无道理!"

另一个拒学的男孩对我说:"我必须留在家中,看着爸爸,因为妈妈无法叫爸爸停止喝酒,只有我在,他才不喝,我不能去上课!"

回家看守着家人,是很多拒学孩子心底的理由,一个因忧郁而辍学回家的女大学生说:"我不明白,父母为什么不能好好相处。我就是家庭的'理由'，妈妈不想招待爸爸那边的亲属，就会说：'女儿要去上课。'然后带着我在街上遛达。爸爸每晚都宁愿出去与朋友应酬，也不愿回家，妈妈就会对他说：'女儿生病了，女儿要你回来。'这样爸爸就回来了！"

很多只爱孩子而不爱对方的父母，不知不觉就把孩子扣押，成为维持他们关系的基石。

我画了一个正三角形，向一个孩子解释三角关系的理论。她纠正我说："不是这样的！"然后画了一个倒三角形，解释说："你画的是他们两人支撑着我，其实是我在下面支撑着他们，因此更累！"

也许十岁的浩浩给了我们一个最正确的理由：问他为什么不去上课，他说："因为我的家人比上课更重要！"他又示范妈妈与祖母势不两立，两人怎样紧拉着他。他对父亲说："过来，过来，让她们拉着你，这样我就自由了！"

道理很简单，父母因为避免矛盾而不愿面对的问题，孩子往往就取而代之，为一方甚至双方出手。

这形势不单适用于孩子，其实成人也同样可以继续卡在父母的三角关系中，即使成家立室，自己的心思仍然系在父母身上，无法建立自己的家庭。

这都是临床的例子，要协助这些孩子或成人，就需要了解他们在关系上的纠缠。

当然也有文化的角度，但关键不在孩子是否需要分化，而是如何分化。我们在做家庭评估时，很快就可以看到家庭的铁三角，而卡在三角关系中的孩子，也往往把家庭问题看得仔细入微。问题是，他们对父母矛盾了如指掌，谈起父母来比父母更年长，但是长年扮演着维持父母关系的角色，自己也依赖了父母，反而没有自顾的能力，处理自己的事情比自己年龄要小很多。这种情况,我觉得在东方文化氛围里更为严重。

　　分化的道理,并非叫人不理家庭;其实有了独立的思考和情感,才有空间与家人建立健康及适合年龄的关系。

做 父 母 的 桥 梁

这女生已经三十岁,却长年患上精神病,被诊断为"Schizoaffective disorder",这种病说得好听是"思觉失调",说得不好听是"精神分裂"。她的精神科医生就是不服气,好好的一个人,究竟是自己先天有问题,还是纠缠在人际关系的捆绑中,弄出毛病?这就是这天我们临床工作团队要进行的一个评估。

我们首先邀请她的父母交谈半个小时,同时测量女生对于父母交谈的生理反应,包括心跳频率、手汗及皮肤温度的变化,因为这些生理变化往往反映着一个人内心的焦虑。

这对父母的交谈很有趣,都是母亲一个人在说话,闲话家常,但是父亲却一点反应也没有。一个自说自话,一个充耳不闻,女生在旁看得着急,不断向父亲打手势,叫他说话。父亲面向女生,问她说什么好,女生指向母亲,提示是向母亲说,不是向她说。

半个小时下来,女生的生理反应不停起伏,尤其是心跳和手汗大幅度地增加。身体是很奇怪的东西,在我们还不知道自己心中的困扰与忧虑时,它往往会比我们更早地作出反应。所谓身心症,就是身体本身没有问题,而是为心理的问题来发病。

因此别低估身体带给我们的提示，这项评估就是利用生理上的反应，探索个人内心深处的疑惑。在观察父母对谈的半小时中，我们测量出女生有多处反应，每次都与父母之间的沉默有关。起初她的解释是因为担心他们不说话，会影响这项评估不能完成。渐渐地，就带出父母在家中也极少交谈，尤其是父亲，在家中总是沉默无声，郁郁寡欢。

女生问他为什么不肯说话？说到这里，父亲突然痛哭起来，女生立即惊惶失措，忧心是否自己的言语触犯了父亲。她很小心地问："是我不应该问这些话吗？你不想说吗？"

父亲哭着回应："不是不想说，是没有人问我！"

他的妻子不是一直在与他说话吗？

他说自己是教师，在女儿小学时代，基于一些学习上的交流，让妻子怀疑他与女同事有不轨行为，他很生气，从此就不理她。妻子辩说自己其实一早就接受那是误会，但是他并没有释怀。长年没有沟通，妻子学习了自言自语，不再要求对方有反应。他们甚至可以若无其事地一起出游。没有交谈怎样可以一起旅行？出奇地，他们同时回应：不用交谈，跟着旅行团就成！

原来旅行团还有这种功效。

有趣的是，他们可以成功地长期当一对不必交谈的夫妇，他们女儿的身体却不停地对他们的无言作出反应，严重时心跳可以由每分钟九十左右跳到一百八十，手汗可以增加四五倍。这些强烈的身体语言，让女儿不得不由平常十问九不答的状态，开始探索她在父母矛盾中扮演怎样的角色。

她说，多年来她一直是父母中间的桥梁，她的投入补足了他们的不投入。

原来她才是旅游团的"领队",让他们成功归队。只是要一个成年人理直气壮地卡在这个位置,她自己就必须成为一个问题,或是一种病态。怪不得心理治疗大师 R. D. Lang 留给我们的一句名言就是:"精神分裂症是对付疯狂世界的正常方法。"(Schizophrenia is a sane way to deal with the insane world.)

父亲禁锢了多年的情绪,变成很强烈的一股渴望,他说:"为了女儿我可以赴汤蹈火,我的痛苦无人可诉;我这几年来一直在等待,等待有人来问我一句,就是没有人来问!"

"没有人问我",是父亲不断重复的话,我们终于明白,他说的那个人就是女儿!

面对父亲如此严峻的情感需要,女儿整个人都僵硬起来。室内的空气都凝结在那一股沉默中,令人屏住气息。

过了好像一个世纪那么长久,女儿终于慢吞吞地说:"那不应该是妈妈吗? 不是她才是安慰你的人吗?"

亲情和爱情,都可以是很要命的东西,满足别人,就要牺牲自己;满足自己,就会伤害最亲密的人,两者如何平衡,都是个人的选择,实在没有一定的准则。但是对这女生来说,这次在治疗室与父母的交谈,是她最正常的一面,也是治疗师希望协助她发展的一面。但是不要忘记她还有另外的一面,因为在父母的形容中,这三十岁的成人同时像个五六岁的小女孩,完全不能独立,甚至刷牙、洗澡都非要父母提点不成。这女生要发展她的潜能,就要学习放下父母,而她的父母,也要学习放得下她。

我见过很多这一类的"病人",对于家人的恩怨情仇,明察秋毫得比任何人都透彻。但是处理自己的生活细节,却荒谬得一塌糊涂,像个巨体婴儿。这两者其实并不冲突,反而是一种阴阳互补。因为没有孩子在中间周旋，很多婚姻早就无法维持，但是要成功地把两个话不投机、同床异梦的父母拴在一起，唯一可行的就是把自己变成他们的借口或负担，才可以维持一个完整家庭的假象。

《二十四孝》中有"老莱子戏彩娱亲"一例，指的应是同一回事。只是一旦成为孝道典故，就更难改变。

贵 族 精 神

朋友转寄来一篇《给年轻孩子们》的忠言,教导他们如何培养"贵族精神",我觉得很有趣:

1. 孩子,你一定要学会做饭。这与伺候人无关。当爱你的人都不在身边的时候,使你能善待自己。(能独立生存)

2. 孩子,你一定要学会开车。这与身份地位无关。这样在任何时候,你都可以拔腿去往任何你想去的地方,不求任何人。(自由)

3. 孩子,你一定要上大学,正规的大学。这与学历无关。人生中需要经历这几年,无拘无束又能染上书香的生活。当然啦,你必须认真念。(一旦走进社会,就进入了市场)

4. 孩子,你知道吗?眼界有多宽,世界就有多宽。经历有多少,心胸就有多宽。心胸宽,你才会快乐。万一走不远,让书籍带你走。(拓宽自己的视野,借助知识的视野)

5. 如果世界上仅剩两碗水,一碗用来喝,一碗要用来洗干净你的脸和内衣裤。(自尊与贫富无关)

6. 天塌下来都不要哭,也不要抱怨。那样只能让爱你的人更心痛,恨你的人更得意。(平静地承受命运,爱你的人自会关心)

7. 就算吃酱油拌饭，也要铺上干净的餐巾，优雅地坐着。把简陋的生活过得很讲究。（风度与境遇无关）

8. 去远方的时候，除了相机，记得带上纸笔。风景是相同的，看风景的心情永不重复。（画面和情感的记忆是不同的）

9. 一定要有属于自己的空间，哪怕只有五坪。它可以让你在和爱人吵架、赌气出走的时候，不至于流落街头，遇到坏人。更重要的是，在你浮躁的时候，有个地方让你静下来，给自己的心一个安放的角落。（独立人格）

10. 孩童的时候要有见识，长大的时候要有经历，你才会有个精致的人生！（读别人的经历，找自己的经历）

11. 无论什么时候，都要做一个善良的人。请记住，拥有善良，会让你成为最受上天眷顾的人。（这种眷顾未必是财富与权势。善有善报，所报者，爱也）

12. 笑容、优雅、自信，是最大的精神财富。拥有了它们，你就拥有了全部。

古今中外，全世界的父母都有他们治家及教孩子的一套道理，我家中有一只写满朱子治家格言的茶壶："黎明即起，洒扫庭除……一粥一饭，当思来处不易……自奉必须俭约，宴客切勿流连"，等等，黄昏一到便要"关锁门户"，连个漂亮老婆，也"非闺房之福"。我不知道朱子这套家训，只是写给家人的，还是自己也大清早爬起来打扫庭院？我每次拿起这茶壶泡茶时，都有点触目惊心，不知又犯了哪一戒。

朱子这一家人，看来没有任何享受生活的乐趣，但是维多利亚时代的欧美家庭教条，其内容也是大同小异。由那种恪守自律的家庭教育，到现代物质较为丰盛的商业社会下的家庭教育，怎样教育下一代，是个耐人寻味的问题。

家庭的规律，与父母的价值观一样，都是大时代的产品；而无论父母的言教如何，都得要看他们处世做人的态度和生活习惯，那才是最影响孩子的地方。

贵族是世袭的，要教出孩子有贵族精神，父母就要有贵族素质。如果家中每顿饭都是杯盘狼藉，孩子又怎会"就算吃酱油拌饭，也要铺上干净的餐巾，优雅地坐着"？

要把简陋的生活过得讲究，如果世界上仅剩两碗水，也要留一碗用来洗干净你的脸和内衣裤，就更是天方夜谭。人都渴死了，还要洗内衣裤？

这十二点教子良方，明显是出自高级知识分子，一个长居国外的世外高人。并不是每一点都适合所有家庭，但是处于这个大部分父母都要求孩子出人头地、成绩优异的大时代，这篇忠言也并非没有可被参考之处。

朋友聚会，第一件事就是比较孩子的成就，很少有人说：我的孩子一事无成，但是很有贵族精神，悠然自得，活得很有风度！

所谓贵族精神，是不能用来炫耀的，它完全没有可炫耀之处。那只是一种个人的操守，一种修养，一种对自己的环境及身体的重视。古人为什么要登高望远？建筑师为何要把楼宇建成艺术品？我们又为何要为居住环境看风水？没有内在的个人内涵，又怎会懂得尊重外在的环境因素？

最近参加一个中国艺术讲座，场面布置得十分优雅，还有现场古曲演奏，整个过程一气呵成，让我心旷神怡。没想自助餐一开始，所有绅士淑女都一拥而上，像龙卷风一般，精心摆设的美食一下子就惨不忍睹。

我这才明白,我们是一个饥饿了三千年的民族!

能吃饱就好了,其他就不必要求。也许经历太多天灾人祸,唯一可以保护自己的方法,就是对外在环境视而不见。久而久之,甚至养成一种民族习性。

我正在看一套介绍中国建筑大师梁思成与妻子林徽因的纪录片,描述这对夫妇怎样用一辈子去探讨及推广中国古建筑文化,却是举步维艰。战乱时期的流亡生活,贫病交迫,外侵内战……将他们的梦想一次次打得粉碎。梁思成认为:一个东方古国的城市,不可以在建筑上完全失掉自己的艺术特性。

他有一个北京公园的蓝图,沿着连绵不断的古城墙,建造一片让游人感受文化和历史尊严的绿洲。但是,一个动荡了多年的民族,对这些旧砖旧瓦实在没有兴趣。梁思成说:每拆一块古城的砖,都觉得在拆自己的一块肉!

……

他们的女儿提起当年随着父母逃亡时,虽居陋室,屋子里却总是插满母亲采来的野花,让满屋温馨。

他们的故事体现的,是真正的贵族精神。

以前只知道梁思成是梁启超的儿子,林徽因则一度是徐志摩的恋人。没想这一对在国外饱读诗书的夫妻,回国后竟是一心一意负起整理古城建筑的重任。他们的城市发展观,是要达到一个整体的和谐,而不是随意拆建;可惜只是被部分采纳,不然今天的北京,将会是完全不一样的面貌。

这些本来可以改变历史、改变文化的"贵族",却大都难以发挥才干,因为我们的民族,太少"就算吃酱油拌饭,也要铺上干净的餐巾"的人。

那天与戴天老师谈话,他语重心长地说:"我们再不醒觉,经济再发达也没有用了!"

我想,人人都应从家庭开始,为下一代培养一点贵族精神,算是走第一步吧!

飞 入 精 神 病 院

这年轻人名叫展鹏,他说,名字是父亲为他起的,寓意着希望他成长后展翅高飞!

我问:"能够做得到吗? 高飞了吗?"

他笑着回答:"结果飞到精神卫生中心去了!"

这是我在上海看到的一个家庭。那望子成龙的父亲,眼巴巴地看着儿子不但没有飞上枝头,反而惹来一身病痛,他的悲伤是那么重。据称他们来自一个近海的小村庄,世代都是渔民,这年轻人的学业成绩很好,是村中的佼佼者,为了儿子的前途,他们把儿子送到城市就学。

从老家的宠儿变成精神病院的常客,那是怎样的一条路?

人人都说是城市教育的压力大,年轻人无法适应,这可是过于简单的一种说法。

与这年轻人谈话,觉得他一点也不像是个没有能力的"土包子"。他甚至问我:"你从美国回来,有没有入美籍?"言下之音,甚有遣责之意。这分明是个很有理想和活力的年轻人,一点也不像精神出了毛病。我见过太多精神病院的病人,尤其是孩子,让我质疑是谁瞎了眼,把他们送入那个黑洞?

我以为这个孩子的父亲，看到儿子如此出色地与人对答，一定会感到安慰，没想他泪流满面，大骂儿子无情。

孩子把脸别了过去，脸上那难得一见的光彩，立即就消失无踪，真的现出一个精神病患者的满目惘然。

父亲虽然眼睛一直盯着儿子，却完全没有察觉儿子脸上的微妙变化。他一味被心中的哀怨燃烧，感觉到的只是一个父亲的绝望，一种彻底的无计可施！

他说，自己是渔夫，为了接近儿子，放弃了祖业，搬到市集做廉价劳工，都没有怨言，无时无刻不惦记着儿子，儿子却不但不肯与他说话，甚至正眼也不肯看他，为什么孩子就是不能了解他的苦心？

他追着儿子问："你要我的心、我的肝，我都给你，为什么你这样无情？"

儿子低头不语。我也逼他回应："你怎样去回答你爸？"

他保持着原来位置，低声说："我不要你的心、你的肝，我自己有！"

很多人不知道，外面的压力是容易理解的，但是亲情的压力却是有形无影，像你的心、你的肝、你的五脏六腑，你看不到，摸不得，但你的一呼一吸都离不了它！

这年轻人曾经不断离家出走，我问他走去哪里？原来他每次都是走到公园里，晚上就睡在公园的板凳上，这究竟为的是什么？难道他不想睡在自己那舒服的床上吗？家中没有关心他的人吗？父亲说他无情，如果真的无情就可以大摇大摆地离家，怎么却如此狼狈地"飞入精神病院"？虽说现代社会对精神病人有很大的接受度，但是对于一个日正当中的年轻人，无端端地何必为自己加上标签？

这是一个发人深省的问题。一个年轻人的成长是需要在某种程度上脱离父母的关注的,如果他们没有自己的所思所感,只有父母的所思所感,就会变得混沌一片,无法建立自己独立的世界。这些年轻人一般都会出现很多情绪或行为问题,因此反叛是一个重要的过渡期。简单地说,反叛成功,就可以顺利地长大为成人;反叛不成功,就有机会走入精神病院。

我不久前在台湾也看到同样一个年轻人,父亲把全部心思都放在孩子身上,一心只想做孩子的心腹知交,结果儿子也失控得要入院长居。这是一个很可悲的文化现象。其实也不能尽怪文化,孔夫子不是说过"君君、臣臣、父父、子子"吗?父母与子女并不属于同一位置,两代人中间是应该有点界线的,像这位苦心的父亲,却偏要把自己的心肝都拿出来交给儿子,有谁承受得起?孩子又怎能不舍命而逃?

孩子的母亲也在场,但是父亲的眼睛就是看不到她。她也不多话,任由丈夫张罗。父亲恨不得把心剖开,要求我们救救儿子,但是我不知道他认为怎样才算是救?这些把自己生命都想交给孩子、为孩子而活的父亲,他们无法了解,这本身就是孩子最大的心结。因为一个年轻人要面对外面世界的挑战,本身就很不容易,如果还要背负着父母的万千期待,自己的一举一动都可能伤父母的心,损父母的肝肺,那就步步都有千斤之重。加上父母的爱、子女的孝,都是天经地义之事,谁敢质疑?怪不得那能言善道的年轻人也无言可对。

我鼓励年轻人说:"你父亲只想把自己的五脏六腑都给你,他忘了你已经有自己的心、自己的肝,但是如果你没有学会好好地让他明白,你就只有一直躲在医院里!"

年轻人腼腼腆腆、勉为其难地向父亲解释,自己并非无情,只是实在不能承受太多的关爱,实在不想伤父母的心,请他不要再为自己牺牲,不如把眼光放在母亲身上多一点，他说："爸爸、妈妈，你们过得好，我就会过得好！"

父亲见儿子肯和他说话，真的开怀起来，可是口里还是不服气，仍说儿子"没良心"。那种缠绵之处，真的像个正在闹恋爱的男子。父亲恋上女儿、母亲恋上儿子，古今中外都有无数例子，但是父亲恋上儿子，却往往不是那般明显。乍眼看去，都说是父亲管得过严，老是骂儿子，但是骨子里却是形影相随，谁也放不下谁。临别，父亲拉着我的手，热泪盈眶地说："我知道要让他走，我就是做不到！"连母亲都不停劝他放手，但是父亲像着了魔，谁的话也听不进去。那青年也承认，离家出走是忍受不了父亲的苦苦追求，但是即使躺在公园的板凳上，心中仍想着父亲。正因为心中只有父母，他的心思都留在家中，即使离了家，也并没有成功地发展自己的世界。

真正的爱要爱得明智，甚至节制，爱也要爱得及时，随着四季变化，父母亲给孩子最重要的爱，是知道何时放手！

否则，一个展翅高飞的年轻人，就这样飞入精神病院！

这 是 谁 的 孩 子？

又到上海工作了。有人带来一个三代家庭，一个十三岁的孩子已经一年没有上学，他说："一看到爸爸就有火，一有火就生气，一生气就发病！"

这个备受孩子拒绝的父亲，却是求神拜佛，不停克制自己，一心要接近儿子，只是无论他如何费尽心机，儿子都背向着他，与身旁的外婆却是有说有笑，十分投契！

外婆已经七十六岁，体形瘦弱，但是中气十足。她说自己最喜欢舞蹈，一有空就到公园去跳舞，她有一个跳舞的团队，自己是领舞人。但是现在孙儿出了问题，跑去与她同住，她连舞也不跳了，祖孙两人形影不离，同出同入，甚至同床而睡。孙儿每天上学前就会发病，手脚颤动，口吐白沫，连上厕所也要外婆背着去。他的个子很高，比外婆高出半个头，我问外婆："你背得起他吗？"婆孙都争着说："可以！"我请他们示范，风烛残年的老婆婆，腰得弯成九十度，才背得起孙子，一老一少，配合得天衣无缝！

此情此境，父亲要接近儿子，不但要通过丈母娘，还要通过身旁一言不发的妻子。

三代家庭，是近代中国家庭的重要结构，但是当孩子出现问题时，我们往往只看到父母与子女两代人的关系，却忘了父母上一代人的牵连。孩子有父母，父母也有父母；孩子受父母影响，父母也受自己的父母影响，一代传一代，承先启后。不久前我见过一个也是不肯上学的孩子，治疗师不断辅导父母怎样教儿子上学，毫无进展，后来母亲对治疗师说："你再努力协助我们也没有用，因为我们背后还有我们的父母！"

眼前这个上海家庭，老中青三代人都出现在同一场面，孩子夹在母亲与外婆中间，坐在正中，父亲坐在妻子身旁，那分明是个边缘位置。他抢着发言，却是人微言轻，孩子和外婆都不听他，只顾着婆孙窃窃私语，连他都不得不承认，自己在家中最没有地位。

他十分委屈，说："我为了这个家，什么事都尽心尽力，典型的'马大嫂'，但是连老婆的兄弟都不把我当作一回事！"

什么是"马大嫂"？原来是上海"买汰烧"的同音语，表示家庭主妇，负责买、洗及烧。如此"贤惠"的父亲，孩子为何不领情？

外婆代孙儿回答："他就是不会做人，总是逼着儿子做他不想做的事，逼得儿子两眼翻白，不能呼吸，仍然不肯罢休！"

外婆数落起女婿来，有声有色，手舞足蹈，操着响亮的土话，我虽然不全懂，也感到她的威力。她教训孩子的父母说："有三点你们要切记：第一，对孩子要守约，答应几点钟来接他，就不能迟到。第二，你们夫妻不和时，老把儿子往自己一边拉拢，现在和好了，又联合起来一同整顿儿子，怎能叫人心服！第三，父母应该一个扮黑面，一个扮白脸，不能拉拉扯扯！"外婆似是而非的一段话，让孙儿更是无所顾忌。

我对孩子说："我小时也有生父母气的时候，甚至离家出走，但是无法走远，总是躲在附近等着父母把我找回去。"孩子说："我也有离家出走，翻过围墙，到了外婆家，从此就不用再回本来的家了！"

这孩子已经见过无数专家，却完全找不到生理上的问题，而且每次都是早上上学时才发病，下午就没事了，父亲觉得儿子在装病，为了证实自己是对的，他又找到一位难约的专家，拉着儿子去看病，结果又是造成一场祖孙父子三人大混战！

父亲每一个拯救儿子的尝试，都加强儿子对他的抗拒，甚至确定他有暴力倾向。他便收心养性，决定不再动粗，甚至向儿子求饶，但是无论他是软是硬，儿子都骂他神经病！

在这三代人中，有个一直沉默的关键人物，那就是男人的妻子！她的不言，也同时维持了丈夫的弱势。原来在孩子小时，她与丈夫就存着很大的矛盾，曾经带着孩子回娘家，她并非不知道母亲一直在贬低丈夫，只是不知不觉地，两个女人就把自己对男人的不满全部灌输到孩子身上，让孩子无法尊重父亲。后来她与丈夫复合，她开始理解男人的苦心，但是每次支持丈夫时，孩子就认为母亲背叛自己，结果连母亲也不肯理睬了，更是与外婆唇齿相依。

一边是自己的丈夫，一边是自己的母亲和儿子，两边都拉扯着她。妻子的立场愈不清楚，两边的争吵也就愈激烈！结果谁也不能够动弹，孩子也就卡在中间走不出去。

我问那一直责怪父亲的孩子说："你老说爸爸神经病，你不怕自己继续如此，别人也会说你发神经吗？"

孩子望着我，久久不答，然后狠狠地说："如果这样能把他赶走，我也值得！"

大人之间的恩怨，竟然可以在孩子心中种出如此恶果！

我们在工作坊讨论这个案例时，也谈到治疗师如何处理自己的三代关系。一位年轻的同学说，有一天她在房里换衣服准备带孩子上学，出来时，发现老妈已经把他们带走，她急乱中追去，大喝道："你这老女人！快把孩子放下！"

老妈吓呆了，回家后爬上床去，背向外躺下，气得不睬人。老爸知道后，也泪流满面，对女儿说："你要知道，他们也是我们的孩子呀！"

女儿答："不，他们是我的孩子！我才是你们的孩子！"

祖辈与孙辈，本来是最好的组合，一个值得感恩的家庭资源，但是一不留神，又会成为几代人争子的惨烈场面。这究竟是谁的孩子？有时真的是有理说不清，中国家庭代与代的界线一向模糊。我们都说，如果案例中的母亲也可以立场分明，也许她的丈夫就不必如此弱势；但是这年轻的同学说，她酝酿了六年，才有勇气这样对自己的老妈说话！

一位来自深圳的同学也说，她儿子的丈母娘来电，告诉她儿子与媳妇吵架了，丈母娘把耳朵贴在门前偷听，听到紧张关头，忍不住破门而入，帮着女儿叫阵，女儿提出离婚，丈母娘也立即赞成，火上加油，两口子愈闹愈僵，势不两立。这位老妈同学自己也按捺不住，准备老远赶去加把火。她兴高采烈地说："就像奥运会、全运会、省运会，全民参战！全球参战！"但是偏偏儿子不让她插手，她只好带着行李改来上海上家庭治疗的课，没想到避开自己的战场，却在这里碰上另一个三代家庭的大战，让她雀跃万分。

互 相 绑 架

半年前就在上海见过这一对母女。她们远从徽州而来，女儿才十九岁，刚上大学不足一年，就患上强迫症。年纪轻轻，谈的不是她的青春年华，而是紧紧扯着母亲不放手。

母亲看上去也很年轻。她说，生下女儿才两个月零七天，丈夫就在单位喝酒去世了，后来她再婚，女儿也从祖母处搬到母亲的新家。问题就出自这里。据女儿透露，继父在她几岁大的时候，就对她性侵犯。自此便不时情绪失控，母亲虽然跟着女儿离开夫家，但是始终不太相信女儿的故事。

母亲陪伴女儿，理由是女儿生病了！女儿要求的，却是母亲必须离开继父，否则就是对自己的背叛。

对于女儿的投诉，母亲的回应是："继父对你这么好，怎么会呀？"而母亲的否认，让女儿更是步步追击。

一个是声声讨伐，一个却是犹豫不决，母女就是这样对峙，谁也不肯让步！

这次母女又来见我，谈话的内容一点也没有改变，两人僵持的模式也与上次一样，好像她们从来没有离开过会谈室似的。

最近参加在武汉举行的一个心理治疗研讨大会,有人问我:"你认为什么是最大的家庭问题?"

我不假思索地就回答:"是纠缠不清的问题!"

夫妇纠缠、婆媳纠缠、手足纠缠、父子纠缠、母女纠缠,各式各样的纠缠,原来亲情是可以像蜘蛛网一般纵横交错的,一层又一层,多层次的瓜葛,重复又重复,却总是找不到出路!

女儿:"发生这样的事,解决办法只有一个,我妈跟他离婚,是能够保护我不再受那种事情伤害唯一的办法!"

母亲:"其实我一直在离婚与不离婚之间纠结,说实话,发生这种事,我对他也没有什么感情了,离婚协议都弄好了,但是他不肯签,一直搁置在那!"

这就是母女三年多来的话题!

母亲希望女儿早日安定下来,让她回到丈夫身旁。她虽然担心女儿,但是立场坚定,她说:"在我们那小地方,离婚不是小事!而且女儿也成年了,我自己也要有个家,现在天天陪着女儿,家里都没人管,还有一只狗!"

女儿听了,立即暴跳如雷:"我才是你唯一的亲人呀!"

继父的侵犯,怎么反而成为母女的矛盾?对很多被继父侵犯的孩子来说,最难接受的就是母亲对发生的事竟然视若无睹,事发了,又无法舍下那个侵犯自己的人。

女儿是理直气壮,她坚持着说:"你没有理由接受一个如此伤害你女儿的人!"

我却想,为了把母亲争取过来,这少女就得继续发病,就得放下正常的大学生活!这代价,可比被性侵犯更沉重!

我提醒她："如果母亲选择跟你，你就永远离不了她，就要永远对她负责！"

她坚决地说："我愿意！"

究竟母亲在女儿与丈夫之间如何选择？这是一个道德问题，很多人都认为母亲应该保护女儿而舍弃伤害女儿的丈夫。但是如果母亲真的为了女儿而离婚，她们的问题就真的可以解决了吗？

母亲说："从小到大，别的孩子都是特别兴奋，喜欢到外面去玩。她不去，就是盯着我，跟我在一块，这是我多年来想不通的一个问题！我一直以来为了照顾她，牺牲了我的一切，她病时我完全不敢病，现在她好些了，我才发觉自己也是一身病痛。她现在倒反过来说，这是我对她的一种绑架！"

母亲不知道，女儿出生不久，正是她丧夫最悲哀的时候。自小就接收到母亲内心的忧伤，这些孩子往往守护着母亲，很难离开。而现在，又发生继父的侵犯事件，女儿对母亲的情怀更是千丝万缕！其实母女双方都是互相绑架，彼此掐着脖子，谁也不能动弹。

从女儿的精神健康着想，她最好尽快停止与母亲纠缠，发展年轻人自己的空间。因此，我提醒她们，既然半年来她们的对话一点也没有改变，不如换个角度去想，如果母亲真的选择了女儿，她们的日子将会怎样过？这也是一种讨债还债：现在女儿觉得母亲离不开丈夫是亏欠了她，如果母亲放弃丈夫，就变成女儿亏欠了母亲。

女儿说："从来没有想过这问题！"

女儿一心只求母亲离开继父，一想到将来母女唇齿相依，形影不离，要完全为彼此负责，连她自己也吓了一跳，开始有点迟疑。她说："我想，还是不要绑在一起好！"

我看过一出爱尔兰剧作家 McDonagh 的舞台剧，叫作 *The Beauty Queen of Leenane*，描述的就是一对无法分体的母女，彼此折磨，吃饭、喝水的小事都会互相攻击或冷战。为了怕被对方抛弃，母亲千方百计阻止女儿交男朋友，把她所有机会都摧毁了，女儿也不停用语言暴力伤害母亲。最后，当她发现母亲把她男友寄来的求婚信偷偷烧毁，终于失控了；为了迫使母亲说出真相，她把母亲的手压在火红的煤炉上。最后，在无法脱离的绝望中，她用绳索把母亲勒死。

　　但是母亲死了，母女的联结依然无法分割。在没有母亲的屋子里，女儿坐到母亲的摇椅上，自己也就变得跟母亲一模一样。

　　最亲密的关系都需要有空间和界线，否则就会比恐怖片更为恐怖！

寻 医 记

　　我一早就安排了在上海的一个为期四天的课程，但是素琴来电，几经艰难终于帮我约到李可，只是时间却撞上我最后一天的课。

　　李可，人称现代神医，家在山西灵石市。我的丈夫生病，当然要为他找最神的医师。素琴是我在国内的熟人，自告奋勇为我们搭线，这便展开了我们这趟超现实的寻医记。

　　首先要向上海的同学致上千万歉意，在我的行业，答应了的课，除非自己死了，否则爬也得爬去上。好在师生都很包容，第三天下课后，我们便从上海飞到太原。

　　到达太原已近午夜，素琴不单从北京赶来接机，还把她在太原的好友都找来帮忙，为我们接送，又安排在一间叫"迎泽"的大饭店下榻。

　　我在十年前就来太原讲过课，见过一个有七代历史的家庭，祖先把家训都刻在村头的石碑上，每个人的角色也因而一早就定了位，谁也改变不了。当时我不相信世上真有改变不了的事，时间会改变一切！但是这次重来，真的觉得时间在这地方走得特别慢。这是个盛产煤的省份，据说有钱人特别多。我们才发现，街道上真的停了很多名牌房车，只是都铺上一层厚厚的灰尘。

其实这整个地区都好像蒙上一层尘！天是暗的,地是灰的,烧煤的大烟筒到处可见。

我们次日不到七时便起程开车到灵石,因为要赶九时的预约时间。灵石靠近太原有名的黄家大院。这座代表山西过去金融光辉的庭院,不如曹家大院出名,但毕竟是旅游景点,趁着这里环境洁净,各人在黄家大院撒下一泡屎尿,才继续上路。

一番折腾,终于会上素琴的朋友。这人是当地叱咤风云的大商家,连他也要托了又托,才约到李可。他说不知道李可在外面名气如此盛大,因此也赶来凑热闹。其实没有他,我们绝对无法找到李可的房子。

那是一座并不显眼的三层洋房,虽然比四周只有一层高的土屋突出,但是十分难找。路很烂,一不小心就会跌落在路旁的土洞中。屋旁的侧门,写着只有病人可以入内,其他人等不可陪同。另一边又贴了一张小字条,写着李可年事已高,每天只见五个病人,非预约者一律不见。又因为市面上太多假药,不是他们出售的药品,一概不会负责。

我想,不是他们卖的药,又怎会叫他们负责?

门前有个男人叫我们在外等候。他说,李老已经八十三岁,不能过于辛劳,很多病人跪在门外求见,都被拒绝,总不能来者不拒。

后来才知道,这男人是李家亲戚,素琴的朋友就是托他做跑腿的。一路上遇见很多人,都向你哇啦哇啦说了很多话,但谁也不清楚他们是谁,究竟要听谁的话。怪不得李老不许闲人入屋。我担心丈夫听不懂李可的乡音,那男人却说,不用担心,李老是个少话的人!后来他允许我和素琴一起入内,却讲明不许多言。

千呼万唤,李可终于出来了!一个瘦弱的老人家,头发全部银白色,却是精神奕奕,目光如炬。外传他中过三次风,怎么如此硬朗?原来中风的是他太太，并不是他。

只见李老大步从客厅走来，左手夹着一支点燃着的香烟。我们跟着他走入一个小房间。他一坐下，就问我们要筹码，我们听不明白，他凶巴巴地骂了那带我们入屋的男人一顿。我才发现桌上放了几个黄色的胶片子，那也许是他计算病人数目的方法。

跟着又问我们要病历，我们并没有带来，他十分不满。素琴为我们解释，病历是英文写的，怕他看不懂。他悻悻然地说，看不懂也要带来！

我心中发愁，怎的一开始就头头碰着黑？好在他很快就安定下来，专心为丈夫把脉。问了几个简单的问题，他便对丈夫说："好了，没有你的事了。"就把他打发掉。

剩下我和素琴。李可取出一张字条，要我签字。上面写着病人是经过多方医治无效后，才来找他的，随时有病故的可能，到时不可怨天尤人之类的话。我们问他是否每个病人都要签？他说："不是！"

他真的是不多话！我们也不敢多问。

然后，李可便开始慢慢地写药方。

素琴趁机告诉他，自己与他的出版人很相熟。又说他的书一直在全国销售榜占前六名。李可从不言中抬起头来看了她一眼，久久才说："他们说我的书一直占首位！"

原来最少话的人，都想知道自己的书籍销售如何，李老开始与我们谈起话来。素琴要约他做访问，他没有说好，也没有说不好。

素琴告诉他我是国际知名的心理治疗家，他微笑着看我一眼，原来李老样子十分清秀，一派翩翩君子之风。他那小小的诊病房间也很雅致。只有一桌三椅，但是两边墙壁都挂上字画，伴上一边大窗，是我旅程中遇到最舒适的地方。

然后他对我说:"这病可治,回去照方吃两个月药,然后做检查,肿瘤可除去,到时把结果通知我。不要吃西药,不要做化疗,要活得开心!"

我问怎样才通知得到他,因为他是不接外面消息的。

他说:"发短信吧!你说香港来的我就知道!"

找他不易,但是他的几句话,却真的让我暂时忘忧。

一盏茶时间,李可已抽了三四支烟。拿着药方,到地库他儿子处抓药。儿子比父亲抽烟更甚,烟雾弥漫,烟灰缸上的烟蒂与药材混得不清不楚。丈夫问:"怎么他们就没有癌症?"

地库塞满人,药材都是大包大包地扛走。有一对从安徽来求医的中年夫妇,来了三次才见到李老,但是走时却忘了两大袋草药,所有人都赶去追他们,万分忙乱。除了李可的儿子,其他人等都是来抓药的。那儿子也不由分说,塞了一把药材要我们去"拔"。我不懂什么是"拔"?原来是把连在一起的东西分开。拔了一会儿,才知道那竹片上贴着的是晒干了的蜈蚣,我却丢掉蜈蚣,留下竹片,让他急得直跳,不停喷烟。

抓药的程序很繁复,药物都是由病人自己拿回去分包。我们要抓两个月的药,二三十种药材,大包小包放满一地。李可的儿子说话又快,说了一大堆话就问:"你明白了吗?"我说:"不明白!"他情急之余,又滴里嘟噜地再说一遍,加上旁边的人不停帮口,不同的声音四面八方向你侵袭,让人脑袋都要爆炸了!丈夫更是沉不住气,突然向老远把我们载来灵石的朋友发恶,让我们都吓了一跳。药方写着这药会让人狂躁,看谁都不顺眼,没想他还未吃药,就对人怒目而视。

我正担心以后两个月怎么过,有个也在抓药的女病人,像一贴膏药似的老靠着我,不断教我煎药秘诀,叫我到村头那里买什么大锅子,让我避无可避。

对着一大堆药材，正愁着怎样运回香港？运回去又怎样分成两个月的分量？哪些先煎？哪些后熬？手中拿着李可的儿子一边讲一边写下的无数张条子，脑子一片空白。最后，只好动手把药材搬上车再盘算。

我想起张艺谋一部叫作《秋菊打官司》的电影，影片中绝少近镜头。秋菊无论走到哪里，身旁都是熙熙攘攘的一群人，他们才是主角。在这喧闹的环境中，很难找到焦点，只有随着人流走。

还没有上车，已经忘掉用药指引。怪不得一开始就叫我签下生死状，李可的药方毒性特强，不可胡乱服下，但是这一切可怪不了李老，他并没有叫我们到下面去抓药，只给我们开方，自己收了少少诊金，就没有再说话。我们离去前，无意中闯入了他的客厅，见他一个人坐在那里，有点落寞。

人患了重病，就需要相信天下有神医。据说病人花在另类治疗的消费，要比正规医疗多出九倍，况且，再理智的人来到这煤烟弥漫的天地，都会身不由己，有理说不清。

我开始明白，为什么有人说，我们是个"唯心论"的民族。

少 女 的 约 会

　　我因为家中有事，有大半年没有到上海授课了。翻开一些旧笔记，才记得与一个十七岁的少女有个约会，差点忘记了。这少女是当地精神病院的病人，被诊断为狂躁症，终日与父母吵闹，连课也上不了。

　　下面是我们会谈的纪录片段，在场的除了我和她，还有她的父母及主诊医生：

　　少女：我觉得我现在非常不服气，生病的不是我，而是我爸！

　　我：那为什么会住到这里？

　　少女：有可能是因为我脾气暴躁，像我爸一样。我爸是这种倔脾气的人，生的女儿当然也是！

　　我：他有多暴躁？

　　少女：打人可以把人打得半死，训人训到自尊心挫伤。

　　我：所以你把大部分的问题都归咎到你爸爸身上？

　　少女：我和我爸一个脾气，他也倔，我也倔，就像驴一样，拉都拉不回来。

　　我：那么大部分时间，都是你和你爸爸在对抗？

少女：Yes!

少女的父母在上海做生意，一直把她留在乡下由外婆带，到八九岁时才把她带到上海来。

少女：以前成绩很好，都考一百分，最差一次考九十八，但到上海后都考六十分。

母亲：天天上学，还考那么差！

少女：然后我爸爸就打我。

我：因为你功课不行？

少女：因为他从来就不明白健康是第一位的！

母亲：在这里被她爸爸打嘛，她就没有安全感，我也帮不了她。他脾气倔，拉也拉不住的。（母亲说着就泪流满面。）

少女：她觉得很无奈，拉不住我爸，我爸就可以一个耳光打她，啪一下子。

父亲：是这样的，因为我是当兵的人，兵是带得不少，所以我想把小孩子培养成男兵一样优秀。

女儿：（抢答）他把我当儿子养！

父亲：因为我看她的性格小时候很活泼的，很听话，哎！各方面都很优秀，我想把她培养得更加优秀。

我：你是用心良苦，当时？

少女：当时，他是怎么打我的！两个耳光一掴，把你推到书桌底下，然后直接就用脚踩人那种，你觉得这样的教育方式很好吗？

父亲：这是我火气上来，只想着先把她搞到听话为止。

我：（向女儿）所以他愈强，你就更强了，对不对？

少女：对！

母亲：两个人对着干，我就在中间没辙！针尖对麦芒，他是石头，她是鸡蛋，肯定敲不过他啰。

父亲：我和女儿发生矛盾啊，百分之八十到八十五都是她们母女俩斗嘴，我听不下去了，我就冲上去了。

我：所以你其实是帮你的老婆？

母亲：不是，不是帮老婆，他是在打我，然后把我拉到旁边，他很宝贝他的女儿的。在他心目中，女儿最重，我还是轻的呢！

父亲：我老婆是没心机的人，不会总结，说一个比方，孩子爱看小说，她就硬把它藏起来……

母亲：她现在改掉了，现在就算让她看，她也不看了。

父亲：你听我说完，你怎么插嘴，你说我就不说，每一次都开口说……

母亲：你激动什么？

父亲：我说你就不要说，闭上你的臭嘴！

母亲：就是激动！（向我们）你看见吗？激动得不得了。

父亲：每次都是她插嘴，这你说我就不说。

母亲：我总得帮你补充一点。

父亲：我不会补充啊？我补充不如你啊？

母亲：喏，你就是这样强势，所以小孩见你怕，我也见你怕。

我：（问少女）我发觉当他们吵起来的时候，你整个人都僵硬了，怎么会这样子呢？

少女：我在害怕，他们两个要不要互抽。

母亲：医生叫我们争吵不要当着小孩的面，但他压不住，他急了马上就上火了，假若我叫他跑开，他马上就要找你麻烦。我们两人的事，我可以容忍，小孩不能容忍！

少女：有的时候我想，妈，十几年来你是怎么忍下来的？

母亲：我就是为这个家嘛，不管怎么样，他总是你的亲生爸爸。

少女：你怎么不跟他离婚呢？

母亲：嘴巴里争争过了就拉倒了呀，毕竟是一个家庭，对不对？你爸爸是没有坏心的，就是嘴巴讲过了就拉倒了，所以才一次次地原谅他。

我：（问女儿）你很为你妈妈抱不平吗？

少女：妈妈是一个女人，她需要被呵护，而不是被踩蹋，所以我希望我的爸爸不要对她那么凶。（问父亲）你能做到吗？

父亲：我什么都可以不管，但有个事，就是我开会也好，做什么事也好，最恨别人插嘴，我说了什么，在我说完之后再对我说，你开会你为主，我开会，等我讲完你再讲。还有是晚上睡觉，这个我跟你讲，早晨，四点多就起床了……

女儿：拜托，搞搞清楚好不好，是你睡懒觉好不好，你三更半夜才睡，睡到十点钟。（父亲想抗议）待会儿，你先别说，我说话，你别打断我。每次妈妈九点睡，五六点起床，有什么错？起码成人的睡眠时间是六个钟头，青年人的睡眠是八个钟头，我们俩有什么错？

母亲：五点钟起床，烧饭弄好了，送孩子上学……

女儿：（继续质问父亲）你在干嘛？你在睡觉，天天喝酒抽烟，你应该反省反省自己的错误，不要说我们两个不好，是你自己不好,你有病,你不是心理有病,你是脑子有病!

少女的谈话完全集中在父母身上,我决定改变话题。

我:我刚才听老师说,画画、唱歌啊,你都有很大的兴趣,是吗?

少女:是啊,我还喜欢弹古筝、跳芭蕾。老师非常宠溺我,我本来是副班长,她说,你只要病好了,你想当什么就给你当什么。

我:在学校那么成功,那为什么你不去好好上学?

少女:因为(女儿的眼睛又望向父母),爸爸在那边吵,妈妈在那边哭,你到底安慰哪一个?谁受得了?那我还不如直接住在学校呢。

我:那你为什么放弃寄宿,退学回家与父母纠缠?

少女:因为在学校不能随意向同学宣泄心理压力,这么多同学,你骂哪一个?

我:原来你要找人骂,回家就有人给你骂了?

少女:Yes! 我可以找我妈谈谈心,也可以和我爸顶两句。

我:可是现在我看,有点上瘾了,不去吵吵骂骂,你也过不了日子。

少女:那你应该去说说我爸,是他带出来的,他是师父。

我:那你就是很好的徒弟?

少女:所以呢,我就可以揪着他的小辫子不放!

我:你几岁了?

少女:十七岁。

我:你看十七岁的孩子……

少女：应该很快乐。

我：应该很快乐，她的眼睛应该是看着窗外，看到的是外面的世界，她的芭蕾舞、她的画、她的音乐……

少女：对！I like my hobby. I like my friends.

我：可是你的兴趣都没有发展起来，现在只有一个兴趣。

少女：就是找我爸爸吵架！

我：找你爸爸吵架是你现在最大的hobby！

少女：No，I don't like it. 但是我的爸爸爱我超过爱妈妈，所以我要保护她，我要挡在她前面，让他不论用机关枪啊、AK47啊，随便扫，大炮轰，我要挡在我妈的前面。

我们正庆幸少女有很强的领悟力，没想到她突然打住。

少女：请允许我，妈，你过来一下。

我：你为什么要你妈妈过来？

少女：我想上WC，让我考虑一下。

我：（好奇怪）你为何自己不能去？

这才发觉，女儿与母亲长久地同床，现在发病，更是形影不离。

这是一个典型的铁三角局面，表面是吵闹不休，其实是难分难解。只是必须经过一番探索才明白端倪，而且即使明白了，并不等于就能解脱。但是我仍不甘心，约定六个月后再去上海时，继续与她努力。没想到我失约了。

"揭露"是为何

这女生二十岁,长得亭亭玉立,是个名校的大学生;说起话来有条有理,一点也不含糊。但是一说到自己的父母,她就好像变了另一个人,她说她是专门为了报复而来的。

既然有备而来,句句都是一针见血、绝不手软。她说她的父母满口仁义道德,其实人品恶劣,是最最自私的人!

她说:"比如说,刚刚来的时候坐地铁,我妈就非想找一个位子坐下来。每次坐地铁都会左顾右盼,特别急着找位子。我看整个地铁里没有一个人像她那样要急着找位子的。"

那爸爸呢?

她说:"在去年之前他上厕所从来都不锁门的,解大便、撒尿,我都能看到。夏天在家里就穿一个背心、一条三角短裤,这里还破了一个洞,漏一个乳头出来。感觉爸爸是永远这样穿着一个三角短裤,走来走去,一点形象都没有。"

她还补充:"在家里,从来都不以身作则。孩子怎么会好?真看不下去。"

这对父母是饱学之士,父亲是名教授,我也不忍心看到他们在外人面前被女儿如此数落！

父亲腼腆腼腆地解释："是这样的，以前嘛，这个当然是我的问题。比如说，她十二岁以前，每天都是我给她洗澡、洗屁股。自己女儿嘛！就是解大便是没有关门的，小便就拉上。大概今年春节的时候，就是正月初一，我小便没有关门，她就很激烈地拿刀割自己，用这个来刺激我。自从那件事情以后，我现在就会关门了。她不在家，我也会关门上厕所的。我也是在改。女儿有些正确的见解，我是在听的，特别是现在两个孩子都出问题了。可以说，我的反省应该是比较深的。"

但是女儿并没有罢休。她继续说："我们是不正常的家庭，不会有正常的儿女！"

她还有个十五岁的弟弟，正是弟弟出了问题，无法在学校及同学中立足，父母才上天落地找专家。姐姐说，见专家都见到要吐了！

她又说："这么大了，在车上，还要拿瓶子上厕所。现在晚上上厕所，仍要拿个碗去，连上厕所也不懂，所以我特别喜欢跟我身边的同学，还有跟我爸的同学说我们家的事，说我妈不洗澡，说家里有蟑螂。说出来让他们知道，让他们觉得羞耻，我就可以报仇！"

我问："你是故意这样子，拿他们出来羞辱？"

女儿："是的。我很喜欢跟我同学说他们不洗澡、家里脏乱，还有我弟弟会在地上拉屎什么的。反正我特别喜欢跟别人讲我们家的丑事！"

我又问："可是他们是你的家人啊，你羞辱他们同时也在羞辱你自己啊。"

女儿："他们一天不改变，我就继续揭露他们！"

这才明白，姐姐所谓的"揭露"是希望有改变，这让我觉得有点希望。但是他们究竟发生什么事，好好的一个家庭，怎么弄到如此僵局？

原来弟弟是超生儿，父母求子心切，生了一个女儿后，偷偷生下一个儿子。为了不被发现，就把儿子藏起来。儿子到了七岁才可曝光，那时他已经与母亲合二为一、难分难解。活在秘密中的孩子，母亲的全部心意都是围绕着他转，喂他吃饭、给他洗澡。他与母亲愈痴缠，父母的关系就愈恶劣。儿子说："我与母亲相依为命，我是唯一了解她的人！"儿子完全无法投入母亲以外的世界！

女儿说：这么大的一个孩子，总不会连上厕所都不懂吧？孩子既然已经落后了，就应该尽快让他跟上去，而不是继续把他当作小婴儿。

父亲却认为妻子的教育方式才是问题，他请求母亲："不要帮他洗澡了，不需要喂他吃饭了！由我来带孩子吧！"

女儿却嗤之以鼻："嗯，我觉得这是一些表面上的现象，但本质问题不在这里！"

本质问题在哪里？

她叹一口气："本质是妈妈太寂寞了，她觉得跟弟弟搞在一起特别开心，她跟弟弟聊天，弟弟跟她抱怨什么，她也特别喜欢跟我弟弟讲，源源不断地想讲，爸爸对她是视若无睹，不和她讲话，她就特别孤独，特别像个小孩子，不像个妈妈！"

她说："我总感觉我妈的心理年龄，好像还不如我弟！"

我答："而你弟弟也因为是那么疼爱他的妈妈，知道妈妈的需要，他就会扮演这个陪伴妈妈的角色！"

一直被认为行为幼稚的儿子，也是一脸沉重："是互相帮助。我也孤独，我妈妈也孤独，然后同病相怜，在一起！"

一个寂寞的妈妈，一个渴望有人陪伴的女人！父亲对儿女是一片苦心，可以容忍女儿致命的抨击、儿子令人痛心的行为，但是却连回答妻子一句无聊的话也提不起劲。而女儿，就以她明察秋毫的尖锐，逼着每个家庭成员一层一层地面对自己的悲哀、无助，让他们从一个人人有责造成的僵局，成为一股人人有责排解的动力！

多　重　身　份

这是我在上海见到的一个十五岁年轻人,前后见过三次。

第一次是进行家庭评估,当时父母之间几乎完全对不上话,虽然都是知识分子,但是父亲对妻子的厌恶全部写在脸上。妻子倒是不停地缠着丈夫谈,找不到回应,便絮絮不休地自己说个不停。在座的还有年轻人的一个十九岁的姐姐,不断在旁指出父母与弟弟的问题。

做家庭评估,是因为年轻人无法融入学校生活,个性孤僻,行为怪异。这次会面,却发觉四个人当中,这年轻人比谁都冷静,他说他的父母关系恶劣,彼此都满是歪理。他与姐姐也不能相容,姐姐性情激烈,失控时把家中的木门和木桌都用刀砍裂。

我问他:"这对你可有影响?"

他说:"当然有!我现在完全不懂得与人沟通!"

都说这孩子行为不成熟,被同辈排挤,但是他却十分明白母亲的孤单。他说:"我与妈妈同病相怜,只有我知道她多么寂寞。"长年与母亲相伴,情绪无可抒发的母亲把他当作一个很小的孩子,为他打点一切,甚至喂他吃饭。孩子正在青春期,对女性产生兴趣,在家中与母亲的身体全无界线。在外见到女孩子,也不知分寸,处处被人歧视,成为笑柄。姐姐正当注意个人形象的年龄,看在眼里,更是无法接受这个弟弟。

这次见面,让我对这年轻人留下很深印象。他的困扰,也代表了很多时下青年的困扰;愈是备受家庭的保护,愈是毫无应付自己生活的能力。

但是他的家庭关系实在扑朔迷离、纵横交错。一个大好家庭,究竟出了什么问题,让每个成员都无法发展自我的能量?尤其是父亲,在学术界是个顶尖人物,在自己的家庭却寸步难行。他把希望都寄托在儿女身上,但是女儿却处处暴露家人的短处,以各种理由把父亲绑架。儿子看来并非完全没有条理,姐姐却说:"你还没有真正见过他发作的时候!"

第二次见面,父亲投诉说:"这次我来见你,本来带着很大期待,希望恢复每个家人的功能!没想一路过来,完全没有一个人与我配合!"

很快地,他与妻子就发生争执,你一言、我一语,说的都是令人丧气的话。我怎样也制止不了,最后只有坐到他们中间,用大抱枕把他们分隔,两人仍然设法越过抱枕,继续争吵。两个孩子看得无奈,女儿说:"我的爸爸厌恶我的妈妈,却把他厌恶的人硬推给我!"儿子没有说话,但可以想象他心中有多难受。

我没法让这对夫妇理智地面对矛盾,只好转向孩子,尤其是儿子,希望助他争取多一些自我空间,而不是继续夹在父母中间。我为他安排了自己的辅导员,并提议他独自安排前来见她,让他多与家庭以外的人接触。

我在安排儿子的事,母亲却一直缠着我问:"我只有一个问题,我老公如果有别的女人,我可以怎么办?"我进了电梯,她仍不放手,我只好改走楼梯。她跟着上来,坚持要我回答她,我怎样也无法安顿她,最后只好回答:"那你也找一个情人吧!"

好不容易送走他们，正在松一口气，突然听到楼下一阵轰动，赶忙下楼。只见年轻人在那里狂叫狂跳，完全失控；他冲上大街，走入一条小巷，拾起一条木棍要打人，引来不少路人围观，我们都被他吓坏了。母亲愈走近他，他就愈发狂。还是父亲有办法，他亦步亦趋，站在不远处候着，最后成功地把儿子拉回室内，关起门来，父子聊了大半时辰，孩子终于平息下来，父亲还刻意地要他前来向我道歉。

他有点腼腆："对不起，把你们吓坏了！"

后来才知道，是姐姐故意激怒他，让我们有机会看到他真正发作的一面。

我却想，儿子的失控是为了保护母亲，因为这是唯一拴住父亲的办法。

第三次见面，我们等了两个小时，我与整个工作团队都感到十分气馁，怎样为一个完全失去功能的家庭找出路？无论如何，我觉得我欠他们一个交代，因为实在低估了这个年轻人的行为问题，我们原以为父亲无能，现在发现他才是最有办法处理儿子的人。

这次父亲透露将要出差，正愁出门时母亲无法处理儿子，千叮万嘱，儿子却模棱两可。原来两天前他也发作过一次，要跳入住家旁的小河。

偶然发觉，这青年很有画画天分，他给我看他的画作，水准实在很高。别人都叫他"小梵高"，他说，他也像梵高一样容易激动。

我问："我们可否立个约？在你父亲出门的日子，你给我们画一幅画作。每当你激动时，就画几笔，他回来时你就可以完成一幅杰作！"

出乎意料地，他竟然同意。我们如释重负，第一次看到曙光。

我老师生前常说，每个人都有多重身份，治疗师的工作，就是把病人最健康的一个身份提升起来。

　　三次见面,这年轻人都以不同的身份出现,而我又一次被提醒,千万别以为眼前的困境就是人的全部!

一 次 充 电 之 旅

　　每年夏天，我都会来纽约参与 Minuchin Center for the Family 的家庭治疗培训，二十年来风雨无阻，今年（二〇一一年）也没有例外。只是猛然察觉，怎么这些一年一聚的同僚都老了很多，不是患上心脏病，就是得了癌症，完全没有好消息。原来人老不是渐渐发生的，而是一下子就排山倒海而来。我们的老师 Minuchin，已经近九十岁，每年看到他在课堂上挥洒自如，一直以为他是老不了的。只见这心理治疗的一代宗师，在讲学时仍是妙语如珠，但是走下讲台，却是寸步难行。他还是那么喜欢拿自己来开玩笑："我的身体从颈部分家，颈部以上还是十分灵活，颈部以下就完全不听我的话了。"

　　我们在大笑之余，不得不正视人的生老病死！也不得不感谢有这么一位良师，相比之下，让每个人都感到年轻很多。我们这项培训召集了很多资深学者，大都跟随 Minuchin 工作过多年，他们也都是白发苍苍，其实有头发已经是很不错，有的连头也秃了。想起早年随着老师到柏林参加心理治疗的讲学大会，在那个类同华山论剑的数千人场合，当时这些风云人物是何等风光。时光不饶人，面临岁月的冲击，他们那积累多年的智慧，也只好用在自我嘲笑的份上。

老朋友见面,不是投诉糖尿病加重,就是血压升高,处处显示着岁月的沧桑。当然大会上来了很多年轻的治疗师,一脸期待之情,努力吸取前人的智慧。Minuchin在开场白时说:"我喜欢教导年轻人,最近收了十多个研究生,每周到我家来接受督导。他们很喜欢来,不知道是因为我没有收学费,还是为了我太太的早餐。我很喜欢教导年轻人,他们聪明、好学又无知,让我觉得自己很有智慧!"

这是Minuchin的典型说话方式。很多理所当然的事物,从他口中说出,总是多了一层含意,不知道是褒是贬,却让人不得不留神。英文并非Minuchin的母语,但是加上了他的浓厚乡音,简洁之余,每句话都好像话中有话。像老僧谈禅,让你似懂非懂。跟着他就集中介绍Uncertainty的概念。

Uncertainty,就是"不确定!"

老远跑来听课,谁不想抓住一些可以确定的东西?他却花了一整天的时间,把很多根深蒂固的想法,重新提出疑问。也许人的最大问题,就是对于自己所面对的问题过于肯定:是儿子不听话,是老公不受管,是老婆不顾家……问题的定义如果真是如此单向,那么答案就只有两个;要么就把儿子、老公或老婆成功改造,要么就把他们换掉,两者都不容易执行。好在万一情况并非如你所想象,那么就有新的可能性。

因此,不过于确定,是一种生机!

接着,他就用一个治疗师带来要求督导的个案做示范。病人是一个二十岁的女生,长期不能工作,不断闹情绪、割腕、服毒,把父母弄得无计可施。女生被诊断为边缘人格障碍(borderline personality disorder)。Minuchin说:"边缘人格,是个有趣的诊断,所谓边缘,就是可以是,也可以不是,本身就难以确定。如果你太相信这个诊断的真理,这症状就把你捆绑得不能动弹。"

有趣的是,他愈以正常心与女生说话,女生就愈像正常人回应。反而是坐在一旁的父母,不停提醒 Minuchin 这少女是精神病患者。尤其是父亲,无法接受女儿有能力为自己说话。他说:"边缘人格的十三项特征,她已拥有十一项!"他把一切问题都归咎于女儿的精神病。

这是一个很有趣又常见的现象。父亲一方面希望女儿改变,另一方面却不知不觉地维护着她的不改变。身为精神科医生的 Minuchin,反而要花费很大努力,协助父母以崭新眼光来看待女儿,而不是只看到她的病征。

当家人不再往牛角尖钻,他们就会察觉女生的很多行为和情绪问题,都是成长途中的一些正常反应。女生说:"我不喜欢外面的生活,做过几份散工,与上司完全无法相处。我想,值得为那点钱而活得如此晦气吗? 就决定不再出门。"

她又说:"问题是,不出门也就没有什么朋友,而且愈来愈胖,只有一天到晚跟爸爸、妈妈周旋。有时觉得十分苦恼,太多失败的感觉!"

女生这一番话,令人不得不思忖,究竟是她的精神病让她生活得如此不顺意,还是她生活上的不顺意形成她的精神病? 当然谁也不能肯定答案为何。其实我们寻求的也不是一定的答案。真理在谁的手上并不重要,重要的是发觉此路不通时,就要另寻生路。尤其处理人际关系的阻塞,有时不得不从关系入手,这在家庭工作是十分有效的方向。

走出病症的狭窄定义,我们很快就发现,这父母都是成功的专业人士。父亲是大学教授,母亲是公司主管,平时都是他们教人的时候多,现在被迫有求于人,怪不得总是感到不对劲。成功人士的死穴,就是不能接受任何事情的不确定,当然也难以接受自己的子女不能如期望发展。

有时一个精神病的标签,会比直接面对自己的失望及哀伤容易接受。

也正因为如此,治疗师必须把当事人的肯定化为不肯定,让他们把单向的焦点转化为多层次的关系互动。很快地,父母所面对的问题,再也不是处理女儿的精神病,而是怎样使她为自己的生命负责。这才发现,原来这女生一方面责怪父母对她过于管制,一方面起居饮食却全部依靠父母。父母做得稍有失误,就会让她情绪失控。

Minuchin对她说:"你说自己做任何事都不成功,我看你在训练父母把你当作小孩子一般看待这一方面,就很成功!"

一个本来属于女生个人的问题,一旦与父母的行为连接起来,意义就完全改变。意义改变了,其处理方法就当然不一样,要女儿改变,父母就要改变。这个道理很简单,但是怎样让当事人听得明白,就必须像剥洋葱一样,一层一层着手。

Minuchin解释说:"我年轻时也常觉得真理在自己手上,总想叫人改变,我现在不是不想改变别人,但是我学会了不去叫他们改变,我只是提供另一条出路。"

因此,他对父母说:"女儿成功地训练了你们把她当小女孩一般看待,你们也成功地协助她一天比一天'长小',如此难得的配合,实在不必改变!"

父母彼此相望,一时间不知如何反应。他们对问题的确定性是明显地减弱了,取而代之的是一种新的思考,一种新希望。Minuchin却说:"我不知道自己的参与有没有用。我只是想协助这家庭的治疗师,找个新的方向去辅导这一家人。"

这个个案的治疗师却真的很受启发。他跟着就对这一家人说:"你们回去仔细想想老师的话。他的话,你信一半就是了!"

父亲忍不住赶着问："哪一半？"

治疗师说："现在还不能确定！"

这是什么都没有确定的一天！也是我今年来纽约的一个重点。

接着是吃喝玩乐。这次看到林肯中心艺术节一场由 Peter Brook 改编的莫扎特歌剧《魔笛》(*Magic Flute*)，让我回味无穷。Peter Brook 是我很喜欢的英国导演，在他的银幕上往往只见到一只眼睛、半条胳臂，却具有千军万马的功力。他的一个晚年梦想，就是把莫扎特的杰作现代化。这个乐界经典作品，我已看过不少版本，很难想象如何把它翻新。没想到 Brook 的手法，就是完全地返璞归真，把莫扎特时代的华衣一层层脱下，用一架钢琴代替了整个乐团。一堆不断变动位置的竹竿，就营造了整个舞台。《魔笛》是一个充满神奇的十八世纪剧作，剧中人物关系复杂。导演却一切从简而又不失原作精髓，成功地把莫扎特带到二十一世纪的舞台，让你在既熟悉又感到清新之余，再一次投入这天籁之音。

其实家庭治疗的舞台，与真实的舞台十分相似，都是给人提供一个新经验。Brook 也起码是八九十岁的人，怎么这些老艺术家，在晚年总是看透红尘，把我们再度带入童真？如此看来，年老并不可怕，生病也并不可怕。见到几个好友，都是若无其事地与顽疾共存。他们并不勇敢，只是知道逃不了，就不如享受生活的每一刻。生命太多未知数，我们唯一可以选择的是自己的态度。记得看过心理治疗大师 Milton Erickson 的一个个案。他对一个忧郁的病人说："你走出这个房间，可以向东走，可以向南走，又可以向西走，或者向北走。"

海阔天空，真的有很多可能性！

Minuchin 说："我很久前就不断向人告别，现在都没有人相信我了。也许我这样做是不对的，应该重视每一天！"当时我们正在一间我最喜爱的餐馆，对着现代美术馆的后园，享受一顿巧夺天工的美宴。大家都说"same time next year"，他却私下对我感慨地说："我知道自己正步向死亡，明年恐怕来不了了！"我高声抗议："像你说的，不要太确定！千万不要太确定！况且我们的文献还没有写完，你一定不能死！"

每年一度纽约之行，对我来说是一次精神之旅，一次深层次的人际体验，一次充电，一次对生命的礼赞！也是"一切都不能预料"的又一次提醒！

春 琴 的 故 事

　　我在七月十三日前到达纽约，主要是为了赶上林肯中心艺术节一个来自英国的剧团表演，这剧团叫 Theatre de Complicite，已经有三十年的历史。我是它的忠实粉丝，无论它演出什么节目，都不容错过。

　　这次演出的是一个名为《春琴》的日本故事，原著来自日本作家谷崎润一郎的《春琴抄》，讲述一个盲女与其男仆的复杂关系。要了解这个剧作，就要了解谷崎润一郎写于一九三三年的另一本名著《阴翳礼赞》，英文翻译为 In Praise of Shadows，这本只有几十页的薄册，谈的全是作者对美感的见解，尤其是东西方不同的审美观念，他认为西方的美感是光亮和清晰的，日本的美感却是深沉和暧昧的。

　　谷崎润一郎特别提到京都庙宇的马桶，设在庙宇的最终一角，在青苔和树荫之间，让如厕的人同时感到一种精神上的洗礼，不像西方马桶那样单调无聊。

　　他又说，西方人爱用瓷器，装在里面的东西一目了然，日本人却偏情于漆器，喝汤时打开盖子，一股浓香扑鼻，却让你看不到碗底，每一口汤都带来新滋味。又古代日本女人把牙齿涂黑及把嘴唇抹绿，这是西方人无法认可的，但作者却认为这种做法是增加脸上的阴影，让面孔更有层次。

西方人一向把光明比作进步,一切好的东西都与光亮有关,悟道就是"enlightenment"。谷崎润一郎却让我们在阴影中看到美感。一件陶瓷,在有了裂痕后才显得更美;一块美玉,在经过很多手汗接触才能达到完善,结论是:美的特质,必须要与生活的现实相关!当《阴翳礼赞》在一九九六年被翻成英文时,译者 Charles Moore 在序文里说:"这本书好像打了我们一巴掌,挑战了我们自己文化中很多既定的形式。"

但是,怎样把这般隐晦的概念搬上舞台?

台上一片漆黑,空荡的舞台本身就让人充满期待。

春琴的故事,由一名女电台广播员读出,她从充满霓虹灯光的门外走入一个黑暗的工作室,门外可以隐约看到卖可口可乐的贩卖机,在她的叙述中,春琴从黑暗的舞台慢慢地被烛光勾画出来。一个九岁的女孩,活泼而可爱,被身旁几个穿黑衣的人供奉着,她的父母是大阪的药商,由于其他孩子的保姆不服父母对她的宠爱,一天,在她睡着时把她的眼睛刺瞎了。从此,她的一切需要都要假手别人。但是她下垂着的眼睛,把她的面孔衬托得更加美艳脱俗,她把关注都放在音乐上,成为一名出色的弦琴乐师。

家里来了一个叫佐助的仆人,比春琴只大几岁,很快地他就成为春琴的伴。初时只是带她四处走动,渐渐地就为她打点一切,后来更成为她的学生,随她学习弦琴,他私下也是她的情人,为她解决生理上的需要。

但是春琴对他十分残暴,不时拳打脚踢,稍不满意,就用拨琴的拨片把他戳得头破血流。每个人都担心春琴怎么变得如此暴戾,却全无办法。她曾经三度产子,但是她宁愿把孩子送掉,也不肯下嫁一个下贱的仆人。

她要穿最好的,吃最好的,把钱都花在饲养黄鹏鸟上,她最大的乐趣就是把鸟儿放上天空。佐助却忠心耿耿,尽量满足春琴的每一个无理要求,一个是虐待狂,一个是被虐狂,典型的 M&S 例子,发生在十九世纪的日本,遥远中仍具有千军万马的威力。

两个小时没有中场休息的演出,观众被带入一个神秘而黑暗的国度,与剧中人一同经历一段无比暴力却又无比细腻的恋情。剧中的春琴初时是由木偶扮演,慢慢变成真人,只是真人与木偶同样表情,让人分不出真假,只见她双手平伸,像个女王似的由得佐助为她细心张罗,穿衣、梳洗、吃喝、命令、服从,一切都在黑暗中进行,重复又重复,没有人比他更熟识她的身体,更能满足她的欲望,也没有人比他更专注及享受这个位置。据说谷崎润一郎在陈述这故事时,极少用标点符号,只有一连串的细节,没有休止。

但是在无休止的重复中,必然会有意料不到的事发生,像陶瓷终会产生裂痕而变得最美的时候。春琴在一个夜里受人袭击,容貌被毁掉,脸上包扎上绷带,她无法接受这个现实,不肯被人看到自己的面孔,尤其是不想佐助看到。

最后,佐助用针把自己双目刺瞎,投入春琴那不见光的世界!

在黑暗中,他更清楚地看到春琴那美丽的面孔,也更感觉到她肌肤的嫩滑。在黑暗中,两人的关系终于达到升华。在黑暗中,现实与幻觉合二为一。

春琴在一八八六年十月十四日心脏病去世,佐助独自生活下去,直到他也躺下,后人把他们一起葬在一座寺庙的后山,让他永远保护着他的女主人。这个小说的人物其实全属虚构,但是作者的描述手法,让春琴和佐助都栩栩如生。

根据寺里的一个僧人说，佐助把丑陋的东西变得美好，但是我们不知道是否每个人都同意这个说法。

剧终前，剧中人与观众都回到那光亮得刺目的现实，一个噪音震耳的现代世界！

谷崎润一郎笔下，往往叹息日本的现代化，是怎样地扼杀了它的文化光辉。但是春琴并不是一个纯日本故事，任何文化背景的观众都会被它触动灵魂之深处。

离港前与一位名导演谈话，他说香港人不喜欢看需要思考的东西，我不知道他是否说得对。我只是在想，看到《春琴》这样的制作，会让人的灵魂都忍不住舞动，不得不礼赞那黑暗中的故事！

不 甘 心 的 动 物

回到多伦多,最开心的是见到雅奴,最不开心的也是见到雅奴!

雅奴是我学习心理分析的启蒙老师,也曾是我的老板,在我们一同工作的十多年间,无论我发生什么事,都逃不过他的心理分析,连我在雪地里跌一跤,他都会问:"你背后究竟怀着什么心态?"

在雅奴眼中,一切行为都有其背后动机,绝对不是表面所见。他每天都在窗前拿着秒钟计算同事有无迟到,他认为迟到行为是对行政机构(及对他)的一种恶意。

雅奴对心理治疗工作十分严谨,每次处理一个个案前,我们都要斋戒沐浴,不得多言。与他一起工作时,我几乎每天晚上都会做梦怎样去谋杀他。不止我一人如此。有同事匿名送他一份海报,写着:你的老板是一块臭尿布,它满是屎,却贴着你的屁股不放!(Your boss is like a dirty diaper, it is full of shit, and sticks to your ass!)雅奴气得要爆炸,我们却是开心死了。

雅奴离职时,我以为可以逃出生天,没想我顶上了他的职位,很快也变成另一个雅奴。

有教育家指出,近代人大部分都缺乏下苦功的观念,因此什么都是半桶水。他们认为，无论学什么技艺，都应该找个行业中的佼佼者，跟着好好学习，学足这人的功夫，然后才有基础去发展自己的创意。如果这说法是对的，那么不管我愿不愿意，多年来都不得不跟着雅奴好好学习。轮到自己发展时，很自然地也就承受了他专业的严谨，想反叛也不成。

而雅奴其实没有离开，他与他的妻子马莉，却成为我夫妇两人的好友。

作为朋友的雅奴，与做老板时很不一样，他为人幽默，说话夸张。我们蒸腊肠饭招待他，他问："这是什么，怎么像小狗的阳具？"

朋友中有个不停说话而人人都赞为好人的学者，雅奴却说："他把你逼到墙角，然后不停向你喷口水，这不是恶意是什么？"

但是有他的场面总是充满奇喜。有一次，老家 Utah 的家庭治疗前辈 Peggy Papp 到我家做客，雅奴送她两大册 Utah 立法史纲，加起来足有两英尺高，Peggy 拿着啼笑皆非，最后还得设法把它捐赠给 Utah 的法院，但是她从此永远记得雅奴。

雅奴最喜欢在救世军的旧物市场搜购，甚至拥有那里一张九折购物卡，别人丢掉的旧物，在他是宝贝。我当然也应该问他："你这背后究竟怀着什么心态？"

但是我在他身上学到一种反教材：如非工作，绝对不要随便分析别人！

况且，我家中也藏有很多雅奴的剩余物资：有不知什么人戴过的金耳环、银项链、整套 Wagner 的歌剧 Ring Cycle，还有一件硬得像马毛的皮草，一定是马莉不许他带回家，他逼着我非要不可。当然，我是几经辛苦，才把它打发掉。

最有趣的是他找到一本属于一个中国家庭的旧相簿，起码属于上半个世纪,相片已经发黄,让相中人物更是扑朔迷离。我们在别人的影像中编造了无数故事和猜测,乐在其中。怪不得雅奴爱逛旧货摊。

雅奴是爱尔兰人,对不同文化特别向往。他说学生时代住过唐人街,还在窗台养过一只老公鸡,把它载在单车前的篮子里一起上课,他怎样把这公鸡带入课堂,就不得而知了。

加拿大最可爱的地方,就是不同种族混合在一起,为彼此带来新经验。

从谋杀对象变成良师益友,我与旧同事提起当年我们怎样怨恨雅奴,没想后来却都成为他的朋友,她说:"我们当时多愚蠢,差点错过一个难得的好人!"

原来人的关系绝非单层次的,过去三十年来,雅奴就是这样在我的生活圈子里占一重位。

雅奴属龙,回港后,我每年暑假都给他带去一份与龙有关的礼物。最后一次是一只龙的风筝,在苏州买的。那时雅奴患上忧郁症,谁也不想见,好不容易让这风筝给他带来一丝笑容。

跟着来的一个夏天,雅奴中风,而且开始有老人痴呆症病征,马莉无法应付,只好把他送入老人院。

在老人院的探望,是如此无奈和灰暗。雅奴迎接我们的笑容,很快就消失在他的一脸茫然中。再也没有一语惊人,一生的执着,都在任由摆布下变得顺从。马莉倒是愈来愈壮健,双手推着雅奴笨重的轮椅举步如飞,我们偷偷把他推到附近的餐馆,让他放肆地吃喝一顿。

回到香港,雅奴就显得更遥远了,想起他来,只感到心头一沉,预料情况只会一年比一年差,恐怕我们没有忘记他,他也会把自己忘记。

今年人还没到多伦多,就收到马莉的电邮,约我们到餐馆见面。不用去老人院,我舒了一口气。见到雅奴,让我眼前一亮,他穿上盛装,面色红润,坐轮椅上,精神奕奕。原来马莉在半年前决定把他接回家去,还找到一个很有效率的家务助理,雅奴又有家了。

马莉把雅奴送入老人院时,自己也从偌大的房子搬到小公寓,雅奴多年的收藏,也大部分捐回救世军去。本来是曲终人散的黯然,却突然柳暗花明。我们到他们的新家探望,一间三个房间的大公寓,布置得十分温馨,墙上每个角落都挂满他们的藏画。我最开心的是认出一些多年来送给他们的小饰物,一种失而复得的感觉。

雅奴兴致甚佳,他说:"一切都好,就是老被人管着!"

马莉向他翻白眼,他装作没看见。雅奴除了说话缓慢,需要坐轮椅走动,一切都好像回复正常。

过了两年院舍生活,能够再度组织家庭,全靠马莉的坚持。在厨房陪她准备食物时,她向我投诉:雅奴不肯做运动,却喜欢吃东西,身体愈来愈胖,照顾他十分困难,一不留神,他便不停找酒喝。马莉叹一口气,感慨地说:"我实在感恩,能够重新建立家庭,谁也不敢相信,雅奴也很能体贴人,只有听其自然,过一天就是一天!"

那天,马莉把外卖的食物盛放在精致的爱尔兰瓷具上,一丝不苟,每人桌前都备有三种水晶杯子,装有不同的酒水,连雅奴的也不例外。美酒、佳肴、烛光、故人,跨越时空地共享难得的一夜。

有人说,人类是唯一会煮食的动物,用火用水甚至空气发酵,烹出各种可口的食品,才有文明。我想:人也是最不甘心的动物,我们会以各种方法对抗生老病死,即使仅留一点一滴,一分一秒!

在 医 院 里

丈夫突然受细菌感染,恰巧私立医院都客满,便入了公立医院的急诊室,开始了他历时两天的幻觉之旅。

人人都知道公立医院不是五星级酒店,但是也不会把它想成人间地狱。我随他进入病房,当值人员给他一个床位、一套病人衣物,然后插上各种天地线,却没有任何表示,我们只好自己安顿。丈夫要去如厕,他们说:"不能去!"

那怎么办?折腾了好一会儿,当值人员给他带来一个鸭嘴壶,他说是要大便,他们又带来一个兜兜,一声不响就放在床上。从来没有用过这东西,丈夫在布帘后一番争斗,结果是屎尿撒满一地,各种线路、床铺都沾上大便,狼狈不堪。

我们十分不好意思,不断道歉。他们动员了四五个人前来清理,所有天地线都要重新拆解,然后再行安置。我恳请他们趁机让丈夫好好地上一次厕所。他们说:"不成!他现在缺氧,上厕所会晕倒。"我说:"那么你们帮他一下吧!"他们又说:"不成,没有人有空!"我说:"那么让我帮他去吧!"他们说:"如果你住私家房,我为你把线路加长也成。"

无端碰一鼻子灰,但是病人的屎尿问题解决不了,就会急得像热锅上的蚂蚁，跳个不停。一个刚入公共病房的病人，其彷徨之处，就像那些刚刚抵达异地的难民，在集中营里找一席容身之处。探病时间一过，家人就得离开，留下一个万分焦虑的病人，不知所措地被遗留在里面。

第二天去探病，丈夫开始语无伦次，还一早就打电话约了朋友到外面吃饭，朋友信以为真，赶到医院来，才知道他一直戴着氧气管，一步也不许离床。看到朋友，他高兴极了，不断投诉这个世界为何如此专制？这是监狱吗？怎么那样没有自由？好不容易安顿他上床睡下，工作人员就在他床边架上布床，一声不响地抬来一个昏睡的病人。丈夫一转身，就面对一个毫无生气的身体躺在身旁，吓得哇哇大叫，原本安静下来的心态，又再激动起来。

我看大局不妙，赶快问当值人员能否把他转到私家病房，他们说，等会儿就要把他转移到心肺科，到时再说吧。

再去探病时，丈夫已经被转到胸肺部大房，看来医院并非没有处理他的病情，只是他们完全不觉得需要与病人或家人沟通，也不认为有告诉你任何事况的必要。连推荐丈夫入院的专科医生，都无法获知他入院后的讯息，不断向我打听，我每次都这样回答："我也不知道发生什么事，完全没有人告诉我任何事情！"

这天早上，我终于收到医院来的一个电话。那是一位男护士，他告诉我说，丈夫完全不肯听话，闹着要走，所有插在身上的线管、氧气管及注射抗生素的针筒都被他扯掉，再这样下去，就要给他穿上"安全背心"，即疯人院用的 straitjacket，让病人不能动弹。

我吓了一跳！丈夫是个十分理性的人，怎么短短两天，就弄到如此地步？人病重了，就不得不入医院，但是对于一个惯于独立自主的成年人，一时间实在很难适应一个如此任由摆布的环境，其焦虑可想而知。

只是我万万没有想到他会如此失控，我们都在怀疑，是否病毒上了脑？但是无法接触到医院的医生，连我们原有的医疗团队也只有干着急。

第三天早上，医院的护士一早就来电话，说是无法制伏病人，叫我快来，可真要动用克制疯子的衣服了。正要出门，丈夫的专科医生也打电话来，认为情况不妙，还是提议我们转到私家医院去，并多请一位专家会诊。原来丈夫前一天晚上就不停打电话给人，当然也打给他自己的专科医生，只是声音沙哑，咿咿吧吧，谁也听不清他究竟说些什么。那手机成为他唯一接触外界的工具，怪不得他死命抓着。

我和好友赶到医院时，只见丈夫已经穿好衣服，双手紧紧抱着自己的皮包，不断说要走！我们轮流劝阻，他也死命抗拒。我们一方面要帮他办出院手续，一方面又要等私家医院通知什么时候才有病床，已经狼狈万分，加上他好像六亲不认，连一分钟也不肯等，只想死劲冲出病房，完全不可理喻。

很感谢各位好友的支持和协助，尤其做社工的 Eliza，那天全凭她的忍耐和坚持，几番唇舌，才神推鬼拥地让一个惊惶恐惧的病人安顿下来。

到了私家医院，丈夫判若两人，我一直担心他会跑掉，又会扯掉氧气罩，但是他却突然毫无反抗，乖乖地上床躺下。

我后来问他，两个地方的分别究竟在哪里？

他说："私家医院的员工，很清楚地给我解释他们的每一个步骤，让我可以理解。例如，叫我必须戴上氧气罩，是因为我严重缺氧，不然就会晕倒！"

我说："公立医院的员工，也有这样说呀！"

他答："也许他们也有这样说，但是口气完全不一样，我只听到他们说了很多很多话，不可这样，不可那样，样样都不可，让我当时唯一的意识就是要对抗到底！"

才两夜三日的时间，就可以把人变得神智不清。丈夫说整个过程就是一场幻觉。他说："我以为自己身在纳粹管辖的集中营内，里面有个女魔头，不停发号施令，下面有一群帮凶，管着我的一举一动，那里终日不关灯，彻夜折磨着营里的人，我必须拼尽所能，逃出生天！"

怪不得他当时完全不可理喻，天天收拾行装要走人！

都说公立医院人手不足，其实在医疗方面，它并不逊色，只是医人不医心，很多医疗人员都把病人和家人当作透明，懒得向你解释。其实人手不足，更应该把环境改善得人性一点、友善一点。因为一个愉快的环境，会让病人和员工都过得舒畅，那并不需要很大功夫，有时一句好话、一个微笑、一声关怀，就会让疾病缠身的人对你无限感激。

不然的话，你凶巴巴地递给病人一个屎兜，他就回头报你一地屎尿！

今 天 快 乐 ， 明 天 快 乐 ！

整理办公室，找到一些久遗的文件，其中一份是厦门寄来的电邮，让我牵起一份对发信人的思念。

那是一位年轻的少妇，一个三岁孩子的妈妈，也是当地精神病院的住院病人。那天我见到她时，她坐在父母中间，面色苍白，双目无神，慌慌张张的，完全合乎一个精神分裂病人的模样。问她的话，都由父母代答。而他们的话，全部集中在解释女儿的问题上。根据他们的形容，这少妇一点自立能力也没有，生活起居全依赖着父母，结婚、生孩子也全由父母包办，父母感到筋疲力竭，唯一办法就是把她往医院送。

少妇对父母的指控完全没有反应，反而是她的一个年纪相仿的弟弟，久不久时会代姐姐辩护。他说："姐姐不是那样无能的，她有自己的想法，只是没有人听她罢了！"

弟弟的声音是那样微弱，很快就被父母，尤其是父亲的大道理淹没。

少妇对身旁所发生的一切，都好像与自己无关。她的故事，也全部是由别人代述的。

据说，她来自重男轻女的家庭，自小父母就控制着她的全部心意。她的世界都在家里，对外面的天地几乎完全没有认识。有一天她逃走了，一口气从厦门跑到北京，却神差鬼使地走到北京精神病院，并且在它的洗手间躲藏了一整个月。被发现后，父亲立即老远地赶到北京把她领回。

少女兜了一大圈，不但没有成功离家，反而自掘坟墓，顺理成章地成为精神病院的常客。父亲又为她张罗，用重金聘来一个女婿，两人生了一个女儿，但是她精神病人的标签却从此无法解脱。

当时我正在为当地精神病院做培训，这少妇的主诊医师邀请我做咨询，看看家庭治疗可有帮得上忙的地方。我却只感到无奈，个人是家庭的产品，但是家庭也是大社会文化的产品，一圈围着一圈，围得紧紧的，谁也别想轻易打破每个层次的平衡。这种情况，最怕是外人指指点点，主张多多，愈帮愈忙。

因此，我唯一可做的，就是建议院方尽量制造一个正常环境，让病人在精神病院内也可以过正常人生活，而不只是用药。但是，他们告诉我，医院有它一定的常规，不容易更改。

大环境不易动，家庭不易动，个人可动的空间就十分有限。

爱莫能助，我却深深地被这少妇牵挂。她让我想起小时的一个邻居，一个十二三岁的少女，也是来自一个重男轻女的家庭，那少女同样被禁锢得不能动弹，所有人都欺负她。一天，她发现自己的月经开始了，在慌忙失措中躲进洗手间不敢出来。她的一个兄长，嫌她霸占着洗手间，破门把她揪了出来。

我还清楚记得，当时左邻右里都在我们共享的小院子围观，那少女一脸惊惶羞愧，衣衫不整，腿上仍染着血迹。后来她也是很早就被嫁了出去，听说婚后也是一宗悲剧。

这些陈年旧事，我以为一早就已经褪色，没想到这厦门的少妇，让我又想起她来。正一个人坐在医院的休息室发呆，却突然有人在窗外向我招手，留神一看，竟然是那个少妇。

她问我，可否与她谈谈，当时正是午饭后的休息时间，我们便在医院的园子里溜达。

没有父母在身旁，少妇显得十分正常。她说自己很困扰，对自己的人生，完全看不到任何出路，不想继续任由父母摆布，又无法自己独立。她说："我的丈夫完全把我当作疯子看待，他是被迫娶我的。我父亲如果不在，夫家就不再认我，也不会让我接近女儿。我该怎么办？"

最讽刺之处，莫如她最想逃避的父亲，却也是她最怕失去的人。

我对她说："我也不知道你该怎么办。但是起码你不要把自己当作疯子！"

身不由己的事太多，在重重压制下再成为精神病人，那就更是万劫不复。当然，当一个人完全无法把握自己的命运时，能够精神分裂起来，走入另一个现实，也未尝不是一种自救。只是长期停留在另一时空，就得永远都把自己封锁起来。但是这少妇肯主动向我招手，就表示她并非全部与人抽离。

我问她："你喜欢这园子吗？你看这棵树多美，每棵树都是独特的，没有一棵相同的树。"

当时是深秋，花都落尽了。我在草地上拾起一朵残余的落花，送给她。我不能为她做任何事，只好与她分享一瞬间的天空，希望她不要忘记这世上仍有美好的东西。

她把花接过来，微笑着谢我，说："从来没有人送过花给我！"

临别，她问我："这医院可以让我学一些手艺之类的东西吗？"

恰巧在园子里遇上她的两名主治医师，我鼓励她自己直接问去。两位医师正在学习家庭治疗，他们非常关心病人，但是习惯了官式的独白，少妇还未说完，他们已抢着提出一连串的提议。最后，还是少妇爽快地打断他们说："你们可以教我用电脑吗？"

我离开厦门后数月，收到一封来自厦门的电邮，是少妇请医院代发的，她告诉我已经学会用电脑了，这是她第一封电邮。

不久后，我又收到她自己发来的电邮，全文如下：

亲爱的，你好吗？

发给你一条短信：懂日语吗？不懂就好！送句日语问候：锅你得洗哇，碗你都得洗了哇！中文译为：今天快乐，明天快乐，天天都快乐！

我是××，在跟你的接触中，我觉得你很开朗很外向，也比较会拉拢人。我记得你问我对这次交谈有什么期望，然后你一直按着这条思路说下去。你对厦门的印象应该不错吧？我也很喜欢这个城市，good luck，my dear！病了八年，英语忘得差不多了，我是一个很不幸的人！

初见面时，我还以为她对四周的人和事都没有兴趣，没想到我观察她，她也观察我。

她继续给我发了一些短信，我提议她在医院内结交三个朋友，分享彼此的心声，后来就再也没有她的消息了。不知道她是否成功地与人建立她最需要的友谊，还是过度敏感地把我的建议视为一种对她的拒绝。

今天快乐，明天快乐，天天都快乐！我常记得她那幽默的问候。但是快乐只是我们生活中一个无常的过客，也许今天快乐，也许明天快乐，但是绝对不会天天快乐！好在有时一点一滴的快乐也就足够，就会奇迹般地让我们不必精神分裂。

从莫斯科墓园说起

到莫斯科去，印象最深刻的是探访了它的墓园 Novodevichy Cemetery，里面埋葬了两万多位苏联的重要人物，包括音乐家、科学家、文学家、艺人、诗人和政治家。在墓园内溜达，就像是经历着二十世纪的苏联历史。

这个墓地连接着围墙一个同名的修道院，斯大林的第二任妻子就是在修道院逝世后，直接移到这里埋葬。她死时手中拿着手枪，很多人说她是自杀，但是更多人认为她是被谋杀。她的墓碑上雕塑着一个清秀的女士，墓上放满鲜花，可见有不少人为她凭吊。苏联前总统 Mikhail Gorbachev(戈尔巴乔夫)的妻子也葬在这里，据说她生前作风开放，不像当时一般第一夫人的低调，因此很受争议。但是死后却有很多人来拜祭，据说她的丈夫在送葬时，泪流满面，久久不肯盖棺。

这里大部分的墓碑都设计得十分别致，甚有创意地表达墓中人的身份。例如一个心脏专家的墓碑，就是雕塑了一双手，捧着一颗鲜红的心。一个喜欢抽烟的诗人，他的雕像仍是烟不离手。Nikita Khrushchev(赫鲁晓夫)的墓碑，是把他的雕像镶在重叠的黑白云石之中，以示他生平的功绩是功过各半。

最有趣的是俄罗斯前领导 Boris Yeltsin（叶利钦）的墓碑，用水泥塑成一面庞大的俄罗斯国旗，占地甚宽地占到人行道上。只见一面白蓝红三色的俄罗斯旗帜，像波浪似的摊在路上，上面写上 Boris Yeltsin 的名字，也许这象征着当年他战胜政敌后在国会上亲手挥动国旗的风采。但是不知何故，这旗帜上的颜色十分黯淡，好像颜料不够用的样子，只给人一种大而无当的感觉。

墓园内还有很多显赫的将军及政要人物，但是最受欢迎的却是埋在这里的艺术家、音乐家和演员，他们的墓前总是色彩缤纷。我看到其中一个堆满鲜花的墓地，上面坐着一个栩栩如生的铜像，一派游戏人间的表情。原来那是一名苏联舞台上的著名小丑，他生前为观众带来无限欢笑，死后仍然让人万分爱戴。

还有音乐家 Shostakovic 的墓地，用单一音符作为墓志铭；文学家 Gogol 的墓碑，却出奇的方正，缺乏他文字中那离奇怪诞的荒谬，据说他活得离奇，也死得古怪。临终时老是怕被人活埋，要在棺木上开一小洞，并放一条连接到一个铜铃的绳子，让他求救；可惜的是，他最后一直没有醒过来。这些人的墓前都是放满花朵，可见这个民族对艺术和舞台是何等热爱。在那严峻的寒冬，除了 Vodka 酒外，文艺是他们最暖心的东西。古今多少事，都在一片墓碑中。

我也找到一座白石雕像，一个白天鹅舞人正从石隙中脱颖而出。原来那是芭蕾舞家 Galina Ulanova（乌兰诺娃）的墓碑！她是我儿时的偶像，多少少女时代的幻想和憧憬都紧紧地系在她的脚尖上。这次到圣彼得堡，也特别去看了一场《天鹅湖》，那著名的剧院仍在，只是这些新时代的天鹅，已失去当年对我的魔力。突然在这里找到一份旧相识，让我感到无限安慰！

这次出门，其实是要到瑞典去工作。既然要到北欧，就干脆往俄罗斯转个圈。俄罗斯人内心的浪漫奔放,与瑞典人的冷静恰成对比。都是适应寒冷天气的民族,怎么会有如此不同的文化发展?每到外面工作,我都会花功夫去感受当地的互动方式,以免出洋相。只是无论文化的差别多大,家庭仍是每个文化的主流。莫斯科的墓地,主要仍是为家人而设的。其中有个领导人的墓,看上去十分萧条,原来其儿孙都出国了,长居美国;墓园的访客都骂那子孙不肖。

瑞典的墓园没有如此显赫,却平易近人,那也是家人凭吊的地方。观古鉴今,我也得收拾心情,准备在瑞典的工作。那是当地家庭治疗协会的年会,他们请我做大会的主讲。但是瑞典是个思想发达的国家,在人文方面的发展尤其先进,他们的社会福利比谁都优厚,对男女平等、同性恋的包容,比北美更开放。他们重视人人平等,不像其他文化那样崇拜英雄,却十分重视孩子的声音,与我在儿童方面的临床工作十分吻合,这样先进的社会,我可以说些什么他们不知道的呢?

从莫斯科的墓园说起,到瑞典的崭新世界观;从隐秘的俄罗斯宫廷秘密,到 Ingmar Bergman(英格玛·伯格曼)的 *Scenes from a Marriage*《婚姻生活》)。原来文化与文化之间,每一种表达都是一道桥梁,交叠成一个个不同形状的网络,它扩展了你的视野,也让你眼花缭乱,情不自禁。这个行程为我奠定了这次工作的背景和反思,增加了我与当地交流的深度和密切度,而不只是例行公事。也许因为我愿意投入他们的经历,他们对我分享的一些亚洲家庭个案及研究心得也显得分外兴奋。他们最后的结论是:怎么我们有那么多相似的地方?

也许表达方式不同,但是亲情与家庭关系,原来真是不分国界的。

孩子原来是父母的专家

我半年前在北京就见过这一家三口。一个十五岁的男孩，就是不肯上学。我们安排在早上十时会见他们，跟进这个案的辅导员却提醒我："太早了，他还没有睡醒，一定来不了。"

我说："那么就请孩子的父母，无论用什么方法，都要把他带来！"

我不是有心为难父母，但是孩子出了问题，父母才是最大的资源，谁也没有办法替他们处理孩子。

话虽如此，当时我也没有把握这父母真的可以把孩子带来。约见那天，我们都有点吃不准，望穿秋水，但是庆幸地，父母终于把孩子带来了。一个苍白的少年，面孔被风衣的斗篷遮掩了一大半，无精打采，但是起码来了！

我恭维父母，问他们如何成功地达成任务？父亲解释，这次真的下了决心，非把孩子带来不可，他说："不好好把握这次机会，孩子就真的毁掉了。"

原来他在前一天就与儿子约法三章，把要穿的衣服一件件顺次放好。第二天一大早，不管儿子有没有醒来，拉起他就穿衣上路。儿子蒙蒙眬眬地被拥着前来，起码证明父母不是全无办法的。但是孩子来是来了,人却仍是在睡梦中。与他谈话,起先还勉强应对,很快就闭上眼睛,入定去了。

每个问题儿童背后,都有一对不和的父母。因为不和,让他们有意无意地抵消了对方的效率,结果是谁也无法成功地管教孩子。很快地,父亲就把矛头指向妻子。这是个十分健朗的男人,操着响亮的北京口音,有板有眼,他的妻子看来楚楚动人,但是对丈夫却十分冷漠,男人不断诉说妻子不肯与他配合,让他无法发挥,她也是爱理不理。这次虽然成功地把孩子带来,她却毫不居功。虽说她也希望孩子的生活多些阳光,但是看来她对丈夫的怨恨要比什么都来得深切。对丈夫的要求合作,她大都无言以对,总是把脸转向别处,要说话时也是轻描淡写地说:"他太大男人了,只有他对,别人都是错的!"

那次会面,我费了九牛二虎之力,终于把这对夫妻的手拴在一起,为孩子着想,答应不计前仇,合作处理好孩子的事。我真为他们高兴。

谁知半年后回到北京,个案的主诊导师又把这家庭带来。同样的一家三口,同样一个口齿伶俐的父亲,同样一个郁郁寡欢的母亲,却是一个更显苍白的儿子。可见家庭中很多固定了的形式,并非说改就改的。原来儿子在这半年间完全没有上学,一直逗留家中。有趣的是父亲再也不坚持,甚至认为孩子不上课也无不可。孩子一直把脸埋在膝盖上,再加上他那特大的斗篷,把自己全部埋藏起来,让我无从入手,只好静观其变。

父亲仍是一个人在独白,说的话与半年前几乎是同一版本。唯一的分别是,他说妻子愈来愈不顾家,愈来愈爱外出。他是那样地喋喋不休,妻子却是毫无反应。儿子时不时抬起头来看看他们,却用手塞着耳朵,好像在嫌父亲烦不胜烦。我问儿子为什么塞起耳朵,母亲盯了丈夫一眼,代孩子回答:"他太啰嗦了!顶多听他三句话,谁都受不了!"

父亲不断为自己辩护,说上了三遍、三十遍,愈没有人回应,愈不能停口。兜了一个大圈子,才结结巴巴地说:"上次你让我们握手言和,但是一回家就打回原形……"我不知道他的妻子为什么对他如此不留余地,但是愈听他说话,愈觉得他那源源不绝的声音底下,带着一股浓厚的无助感。

对于丈夫的表白,妻子始终没有回应,只怪他太多话,她说,连邻居都给他起了一个绰号叫"婆婆"。一个"大男人"怎么变成一个啰嗦的婆婆?个中必有其前因后果。我看这男人好像很想接近妻子,就是不得其门而入。我提议他何不利用这个机会,好好地问问妻子,究竟有什么不满之处。

男人真的面向妻子,咿咿啦啦地要求妻子与他沟通。妻子不置可否,只答以后再说。男人向着我们,又一连串地说了很多泄气话。这种不断重复的僵局,连孩子都挺起身来为他们着急。我趁机问孩子:"你看他们这种交流方法行得通吗?"孩子摇头说:"行不通!"我说:"不如你去帮他们吧!"

孩子真的对父亲说:"爸,你好好地问妈去!"

父亲转向妻子,说:"我儿子让我问你,究竟有何不满?能对我说吗?"

无计可施的父亲赶快借儿子的名出招,在儿子的坚持和指挥下,夫妻两人不得不交谈起来,几经辛苦,妻子终于恨痒痒地对他说:"你不记得非典那一年,因为我不同意你,就把我打得头破面肿吗?"

男人答:"是非典那年吗?还是世运那年?"

女人更是生气:"当然是非典那年!"

两人在无谓的小节上又僵持了一会儿。我叹一口气,问男人:"她终于告诉你为什么不理睬你了,因为你把她打得头破面肿! 你怎样回应? 你会向她道歉吗?"

他向妻子说:"那是很久以前的事了。我不会计较的!"

这算是道歉吗? 孩子又忍不住出手,对父亲说:"爸,这不是道歉! 要对她说,对不起,你原谅我吧!"

男人又腼腼腆腆地对妻子说:"我儿子叫我对你说对不起,我都照做了。你会原谅我吗?"

两个男士就这样你导我演地一起企图软化他们家中的女主人,但是妻子并没有为之动容。这次我学乖了,不敢过早宣布乐观,让父子继续努力,反正孩子没事可做,总比他白坐着好。很多人不明白,一个人被暴力侵犯,即使只有一次,也会留下深刻的伤痕,尤其侵犯你的是身边最亲密的人。怪不得妻子一直以来对丈夫那么生气,现在即使把心结吐出,也并不等于就能立即原谅对方,况且这男人处理问题的方式实在窝囊。可幸的是起码知道实情,总比蒙在鼓里乱打乱撞要好。

在整个过程中,最有趣的现象并非父母之间的纠缠,而是那个本来死气沉沉的孩子,对一切事物都没有兴趣,唯独在调停父母矛盾的工作上,却是如此绝对地投入,让他变得振振有词。

我记得曾经问过一个十岁的孩子怎么不肯上学,他说:"因为我的家人比上课更重要!"

因此我问这年轻人:"就是因为要守着他们,所以你不肯出门吗? 三个人纠缠在一起,岂不要闷死?"

他笑着回答:"还是去上学好!"

我不知道他是否真的能够挣脱出来,看着他如此努力协助父亲化解妻子的恨意，一个苍白青年摇身一变，原来是父母的专家！对我来说，又一次证实这个铁三角的威力。怪不得家庭治疗理论大师 Murray Bowen 说："人的所有问题，都是因为走不出父母的铁三角！"

父母出现矛盾，孩子就会自然加入，形成三角鼎立的平衡。这个重要的理论，解释了很多让人无法理解的人际问题！

踩 高 跷 还 是 卖 鸭 脖 子

辽宁电视台有一档叫作《复合天使》的节目,专门为有纠纷的家庭做调停。这一次,来了一个三代家庭,爷爷是邵家高跷的传人,渴望儿子继承家族传统文化;儿媳妇却认为踩高跷赚不到钱,一定要丈夫随她去卖鸭脖子。

媳妇说:"作为丈夫,他有责任养家糊口。卖鸭脖子每天可赚两三百元,踩高跷却朝不保夕,只供村中茶余饭后消遣,但是他爸爸不停施压,非要他继承传统不可!"

爷爷却说:"邵家高跷传了数代人,不能到我这一辈失传,儿子没有选择! 他娶了媳妇便不再听话,都是媳妇之过。"

双方都指责对方不应向男人施压,但是却不明白自己同时也在施压,更没有人征求男人自己的意见。最奇妙的是,爷爷与媳妇跑到电视台对峙,那个夹在他们中间的主角却一直不肯出现,原来他现在没有去踩高跷,也不去卖鸭脖子,只躲在家中上网,变成隐形人。节目主持人好不容易把他找出来,终于说服他上银幕与家人接受调停。

三个平时没法交谈的人,现在却在众目睽睽之下针锋相对。爷爷与媳妇都不肯妥协,各持己见,势不两立。这节目提供了四五个调解员,有男有女,他们威胁利诱,设法拉近双方的距离。有人批判爷爷专制,只顾着传授祖业,完全不顾儿子感受;也有人指责媳妇自私,把丈夫当作自己的附属物。只是骂的骂,劝的劝,双方仍是毫不退让,最后,大家终于决定问问那当事人,究竟他自己有什么想法?

男人赶快把握机会,腼腼腆腆地向观众宣布:"我其实最想踩高跷!"

原来他独得家传,不但踩得一身好高跷,还加入街舞的元素,让高跷走入现代,曾经被邀上大型电视节目去表演,好评如潮。

男人既然表态,大家以为调解有望,谁知突然有人从观众席冲上台来,边走边叫反对。这人自称是"师叔",也是邵家高跷上一代的传人,与爷爷同辈,因此他觉得自己也是家族成员,绝对有发言权。

他究竟反对什么?

他说:"邵家高跷绝对不可更改,这一点仅存的民间文化,一改就变成四不像!"

他解释说:"传统的邵家高跷有'味',加入了街舞的高跷只有'劲',那完全是两码子事!"

何谓"味"?何谓"劲"?大家又吵了好一会,最后决定让他们现场示范,原来传统的邵家高跷动作不多,但是韵律分明,婀娜多姿,真的很有味道。而加入了街舞动作的表演,演员踩着高跷在地上打滚跳跃,劲力十足,却真的缺乏一种细致的韵味。奇怪的是,大部分观众都喜欢后者,即使我们的男主角也说偏爱街舞化的高跷!

最后,基于公众压力,爷爷和媳妇,甚至那不请自来的"师叔",都被迫作出妥协,结论是:应该尊重男人的选择,让他继续踩高跷,并且是融合街舞元素的那种高跷!妻子喜欢卖鸭脖子,自己可以卖个饱,不应坚持丈夫改行。本来强悍的妻子只好改变立场,她让步说,只要丈夫踩出一个名堂来，就不再逼他卖鸭脖子了。

这个调解个案十分戏剧化，不单是有关家庭成员的表现如此，那些旁观者更是如此。调解员中有律师、心理专家、社会学家等人，他们的调解方式，除了提供专业意见，更多时间是把某些家族成员教训一顿，甚至骂个狗血淋头。很多来自农村的家庭，解决矛盾的方式比较冲动，不善修饰，自然缺乏冠冕堂皇的语言，面对专家的质问，往往一脸纳闷表情，无言以对。再加上在座观众的喝彩或喝倒彩，造成一种强有力的社会舆论，乱哄哄，闹纷纷，人人都觉得自己有权教导别人怎样过活，直把他家当自己家。强势当前，再理直气壮，都只有敢怒而不敢言。

因此，那个坚持子承父业的父亲，那个要求丈夫站在妻儿立场的妻子，以至那个维护少数文化的师叔，都不得已要退后一步；反而是那一直没有声音的男士，突然有机会吐气扬眉，可见大众舆论及其背后蕴藏着的社会道德观念有多大威力。它可以助人成功，也可以把人毁掉。

现时内地很多电视台都有类似的节目，把问题家庭邀上银幕，然后施以各种专家或社会压力，例如婆媳问题，就找来一队婆婆、一队媳妇，及一队夹在其中的男士，把原属三个人的纠缠，变成三大群人的纠缠。舌剑唇枪，痛快淋漓。有人问，这岂不是故意添乱？有趣的是，在乱糟糟的冲击中，很多当事人都会在最终找到灵机，多多少少改变了自己的立场。从这个角度而言，这种解决问题的方式还是有它一定的作用，但能够维持多久就不得而知。

这甚至在理论上有一定归依。在后现代主义的心理学发展中，行为问题往往被视作一种思维或信念上的偏差，而思维和信念又往往是受大社会文化所形成，要改变行为，就先要改变思考。在心理治疗的技术中，常会引用一个 reflective team 的手法，让在背后观察的一队人，以不同声音反映他们对眼前状态的观点，从而打破当事人的执着。

当然，一般 reflective team 的反映声音都是温文尔雅，甚至有时让人听了半天都不明所以。不若电视节目中的参与者，说起话来赫然有声，气势如虹，把舆论大于天的效能发挥得淋漓尽致。怪不得"官字两个口"，原来在这有理说不清的状况下，声音够大，真是很重要的。

我很喜欢看这些中式辅导节目，它反映了一种浓厚的民情，也推翻了很多我们常常挂在口边的金科玉律。例如，中国是礼仪之邦、家和万事兴、夫妻相敬如宾、母慈子孝、敬老扶幼等理念人人都知道，但在紧张关头，人人都可以变回原始人，斗得死去活来，忘掉做人最基本的尊严。而最可笑的是那些围观者，看别人的家事，好像看斗牛一样，看得摩拳擦掌，自己心底积聚的疙瘩，也趁机全部发泄出来，真理在自己手中，暂且忘掉自己的烦恼。

其实，一个把孩子当作自己延续的父亲，一个要独霸丈夫的妻子，一个左右为难的男子，一群多管闲事的闲人，这只是一个历久不变的古老故事，不断在不同的文化舞台上重演，却每次都让我眼花缭乱！

另 类 家 庭

我在北京见到一个很有趣的家庭，一个二十岁的少妇患上强迫症，不停地吞口水；见到水就想喝，却又喝不下。

强迫症是个耐人寻味的心理病，病人会表现出十分让人费解的行为，我们相信这是反映内心世界一种难以解决的矛盾。这些矛盾究竟是什么？却往往是连病人本身也不能解释的。这种困扰一般都渊源已久，渗透在心之深处，不为人知，表面上就出现一些重复又重复的奇怪行动。

据说这少妇刚刚新婚，但是与公公关系甚差，甚至经常大打出手。

这家庭来自河南的一个小镇，他们坐了三个多小时的火车赶来北京，一下车就赶来会场。一行五人，少妇与她的新婚丈夫、她自己的父母亲，还有一个十四岁的小弟。少妇拖着其中一个男人，那可不是她的丈夫，而是她的老爸。她的丈夫坐在另一角，老妈与儿子又占一方。

我问他们此行的目的是什么？我很快就发觉这是一个错误的提问。老妈立即兴高采烈地用河南话列出一连串的要求。她也不管我听得懂还是听不懂，噼里啪啦地表达痛快。小弟在旁不断提醒她要说普通话，她也毫不理会。经过儿子和女儿一起为我做翻译，才知道原来老妈祈求儿子上学用心听课，不要心不在焉；希望丈夫在家不要偷懒，多点帮忙做事;又老妈在镇上开了一间便利店,最好家人齐心努力。

老妈的态度,有点像上庙烧香拜佛,让我这泥菩萨无所遁形。说得兴起,每个人也都提出他们的意愿;女儿希望自己不再怕喝水,新姑爷希望多赚点钱,老爸希望老婆不再啰嗦,小弟半躺在沙发上,希望没有人打扰清梦。

记得有次与一群朋友去做扶乩,我们每人都准备了一个提问,各怀心事地等着扶乩师傅在沙盘上为我们写出一首充满寓意的五言诗来。我此时的感觉,就像自己是个被迫上阵的扶乩师傅,只是眼前没有一个有效的沙盘,而我又缺乏出口成诗的本领,实在让我啼笑皆非。

好在他们提出各种意愿,并非真的要求答案,自说自答,毫无修饰。尤其有趣的是,全家人都没有把焦点放在少妇的强迫症上,更没有人引用这个医学名词。强迫症是个复杂的心理状态,怎么会在这么单纯的家庭出现? 这少妇打扮时尚,却带着一股让人喜欢的土气。她显然是这个家庭的中心,像个小管家地管着每个人的一举一动。尤其是父亲与弟弟,每当他们不回应老妈的指责时,她就会出手去打他们,怪不得她老是伴着老爸,以便易于管制。三个男士都十分被动,我不知道这是否是河南家庭的特色。

问起她的新婚生活,她说一切都好,就是受不了丈夫的父亲。原来她的丈夫是个信差,早出晚归。她的婆婆开了一间小食堂,她就帮婆婆做生意。我以为婆媳一定容易产生纠纷,没想她解释说:"不是这样的!我跟婆婆顶好的。但是公公是个大男人,啥事都不做,又喜欢对女人指指点点,家人谁都对他不服气!"

她继续说:"出门前我们就吵了一大顿。他欺负婆婆,我看不过眼,便打了他一下,他很气,说我再打他,他就要还手……"

我突然明白起来，这少妇在我们会谈时就不停用手打她老爸与小弟，尤其对老爸，毫无辈分之分。她嫁入婆家，分明也是把公公当作小弟一般教训。这个不断为女性打抱不平的少妇，却生活在一个古老的北方村镇，怪不得她老是在吞口水，好像要把不停冒起的一口气，倒吞回肚子去。

她说自从结婚后，病情已经好转。丈夫每天晚上逼着她喝两大杯水，让她的焦虑减少了。结婚实在是很好的特效药，只是效力不一定持久。而且丈夫看来与他的岳丈一样不起劲，老是靠着椅背作休息状。

我问他怎样处理父亲与妻子之间的纷争，少妇抢着说："他不与他爸说话的！"

丈夫慢慢解说："我们住的房子是属我爸名下，暂时没有办法，但是我们一天天长大，他会一天天老去，等得着就成。"

我问："你爸几岁了？"

他答："快五十。"

我笑说："现代人可以活到八十岁，你岂非要等三十年？"

懒洋洋的小弟在旁加了一句："够你等的！"

姐姐立即越过众人往他头顶拍去。

这是充满泥土气息的一家人，叽里呱啦的，我几经辛苦才摸通一点这个家庭的脉络。上述几段交谈是我与他们在混乱中唯一有条理的对话，其余大部分说话都是毫无焦点。但是我很喜欢听他们说家乡话，虽然听不懂，从他们的身体语言及表达语气上，更能感受到这一家人的生命力，对我来说，是很难得的一堂人类学课。但是他们老远跑来，并非要给我上课。我问那转介他们的咨询师，究竟怎样向这家人解说这个转介的因由？

她说："我对他们说：'北京来了一个专家，神得很，可以帮你们解决问题，让你们全家都活得快乐！'"

老天爷！怪不得他们真的像上庙堂。

除了养生讲座，心理咨询在某种程度也成为内地的新信仰。人的焦虑愈多，就有愈多人往内心世界和人际关系寻求答案。很多省份的电视台都有心理咨询的节目，有专家现场为真实的家庭解决奇难杂症。这些节目十分有趣，很多专家意见反映的都是社会舆论，但是家人却往往听得十分受用。不受用时，就会挨一顿训话，直到受用为止。

很多人都无法抗拒教导别人的引诱，也许那实在会给自己带来很大的优越感。我在训练治疗师时，最大的困难也是让初学者不要对家庭意见多多，先听清楚、想清楚才作回应；尤其不要老去找别人的问题，因为要找的话，任何人身上都会找出一堆问题来，包括自己在内。如此看来，老和尚谈禅，赠你两句不着边际的话，让你回家自己思考，有时会比见治疗师更为有用。

因此，我索性顺着他们做一次和尚。我问："你们以前来过北京吗？"他们一同兴奋地回应："这是第一次！"

太好了！我继续说："你们最好兵分两路，老爸、老妈与小弟一路，你与丈夫一路，到天安门去游一趟，在那见证了千年历史的伟大广场，商讨一下以后三十年间，怎样才能活得更好！"

他们果真兴冲冲地带着大包小包行李离去，临行时在我们提供的反馈表上，每人都表示对这次服务感到非常满意。我其实没有为他们做到任何事，只是在这短暂的会面中，礼貌相待。这一类本身甚有动力的家庭，自有一套处理问题的方式，向你求教并非一定听你教。他们的生存力比谁都强，外人的介入对他们影响不大，反而是给予他们应得的专注和尊重，他们就会心满意足。

　　学生们都说被这家人弄得莫名其妙，问我怎么如此有耐性？其实那与耐性无关，很多人都以为家庭必须有一定的形式，而这一家人却把我对家庭的理解推动到另一境界。如此难得的一次机会，让我经历一个另类家庭，感激都来不及，哪敢对他们不耐烦？

三 对 母 女

在台湾一口气见了三对母女,都是有关孩子成长过程中必须与母体分离的苦恼。

第一对母女,女儿十七岁,已经上了大学,却无法上课,待在家里,与母亲为伴。据说母亲患了精神分裂,女儿也得了精神焦虑。这是一家四口,原来少女还有一个与她年龄十分接近的姐姐。

姐姐是充满阳光,一个很健康的少女;妹妹却是阴霾满布,忧心忡忡。我不明白姐妹两人怎么有如此大分别。仔细观察,发觉坐在姐姐身旁的父亲,也是乐观开朗,而坐在妹妹身旁的母亲,却是落寞寡言。妹妹说她自己很内向,不善说话,有点儿像母亲,因此在学校社交生活很不如意。但是我觉得她在家人面前一点也不内向,反而是词锋犀利,总是替母亲说话,而且特别针对父亲,好像有点怪他没有把妻子照顾好。

母亲默默地看着丈夫与两个女儿占据了全部说话的空间,有点隐形。经过百般鼓励,长时间的挣扎,她终于解释说:"我天生迟钝,反应总是比别人慢。在家里,与家人一起看电视,看他们笑得很开心,我却总是格格不入,不知道他们在笑些什么。本来开了一个早餐店,为客人准备早餐。但是我不懂得与客人交际,生意很差,最后只好结束营业,接着我就发病了!"

母亲平铺直述,但是她那难得的表达,却让人听起来感到十分沉重。一个孤独的女人,虽然有个完整家庭,自己却总是像个外人。她的心事,其实极少向人透露,她那个健谈的丈夫,对妻子的表达好像提不起任何兴趣,倒是小女儿,十分怜爱地望着母亲,面色凝重。

这才发觉,妹妹一直与母亲同床,与其说是因为孩子有严重的焦虑,需要母亲照顾,不如说是妹妹在保护着母亲,与她形影不离。一个本来正常成长的少女,对母亲是如此依附,不离不弃,甚至与母亲一同发病,把自己完全投入母亲的情怀。这听来好像有点不可思议,其实说怪不怪。当母亲存有心结,很多对母亲特别敏感的孩子,都会莫名其妙地与母亲连成一体,成为连体婴,不可分离。母亲的感觉,成为孩子的感觉;母亲的经验,成为孩子的经验。

这家庭的咨询师也认为基于夫妻的疏离,才造成女儿与母亲过分紧密,因此提议夫妻两人最好晚上一起散步,增加感情,他们也真的照着去做。

我问他们:"是一边散步、一边交谈,还是一个在前面走,一个在后面拼命跟着?"

姐姐笑着代答:"是一个在前、一个在后,就像今天来这里一样,爸爸在前面走,妹妹就拉着妈妈在后面拼命追着。"

那跟不上节奏的妈妈其实并不孤单,她有一个为了陪伴她而放弃长大的女儿!

第二对母女,母亲十分出色。她容貌清秀,举止轻盈,是个出色的舞蹈演员。女儿也是十七岁,仔细看起来,容貌也是长得不错;只是长发凌乱,把半个面孔盖住,身体笨重,与母亲的优雅恰成反比。这少女也是被诊断为精神分裂，言谈上对母亲十分抗拒，认为母亲被"恶魔"霸占了，不肯回家；却又不时向母亲撒娇，像个小女孩似的要求母亲摸摸她的脑袋或额头。孩子的父亲也在场，他说家中这两位女士是他的至爱，但是却明显地没法留得住妻子。父女两人守在沉寂的家中，无尽地等待，妻子大半时候都在表演的路上，她说："最吸引我的是台下的掌声。"

如果不是女儿生病了，她也不会留在家里。一个十分脑膜的丈夫，一个毫无活力的女儿，母亲无法拒绝那正在向她招手的多彩舞台。这母女让我想起 Ingmar Bergman 一部叫作 *Autumn Sonata* 的电影。影片中的母亲是出色的钢琴演奏家，终日在巡回演出；丈夫与女儿望穿秋水，等着她回家的日子。只是母亲的心，永远属于那遥远的天空。长期的等待，让女儿变得孤僻；一方面想接近母亲，一方面又无法接近，母亲愈是光辉灿烂，女儿就愈是笨拙无光，母亲的情感都投入她的艺术，无法容忍女儿的平凡。两个亲密而又绝对陌生的女性，终于只有分离。

第三对母女，那个十分悲哀的母亲，投诉着她一生的不幸。她年轻时充满梦想，独个儿跑到欧洲学音乐，后来还嫁了一个异国人。但是她说她无法融入异国的生活，那曾经让她无限沉醉的古国，结果成为伤心地。

她带着刚出生的女儿回到台湾，与上一代的相处也是矛盾重重。多年来与女儿相依为命，女儿本来十分乖巧，真的是母亲的贴心小棉袄。但是女儿现在十八岁了，有自己的生活和主意，不能事事认同母亲，母亲的世界就面临崩溃。

她说："我也知道女儿终会长大，但是怎能如此无情，完全置我不顾？她不知道我为她牺牲了多少？她不知道没有她，我还有什么活下去的理由？她怎能这般自私？"

母亲一连串的控诉，女儿百词莫辩，她说，只希望母亲能够恢复出国前的热忱。其实她从未见过母亲出国前的样子，那是远在她出生前的事。

我对母亲说，当年她选择到欧洲留学，必然有很大的抱负，但是她并不想再谈过去的事。我问她现时的生活状况，她说，没有女儿，毫无生活可言。我问她喜欢哪一类音乐，能否在音乐中找到慰藉？她说，现在音乐对她只是工作，没有其他作用，她的心意全部放在女儿身上。

母亲并没有骗人，她真的是除了谈女儿，对别的话题只感到十分不耐烦。正因如此，她不知道自己的悲哀具有多大的杀伤力，让人无法喘气，怪不得女儿只想舍命而逃。

母亲说："我心中只有痛、痛、痛，每一块肌肉都在痛！"

女儿说："她呼出来的每一口气也是痛！"

三对母女，三个不同的故事，母女之间要保留适当的距离和空间，原来一点也不容易。有的女儿宁愿变成精神病人，也不肯舍弃母亲，或者为了陪伴母亲，与母亲一同发病；而当女儿成功地离家时，母亲又会因而崩溃，让女儿正在迈开的脚步不得不停留下来。一个孩子要成长，是需要在情感上离家的，但是，离家难，有时真的难于上青天！

偷 窃 的 男 孩

这男孩十六岁，他的主诊医师说，他小学二年级时就开始偷窃，被诊断为偷窃癖（kleptomania）——一个十分引人注目的名词。

他父亲解释，孩子自小就行为偏差，要母亲不停督促。小学几乎是与母亲一起上的；升中学后，又变成由父亲监管。但是行为不但没有改善，反而变本加厉，在学校、店铺，都是顺手牵羊，有用无用的，都偷回来。父母无论盯得多紧，他都是魔高一丈。收藏和找寻赃物，当成儿子与父母间的游戏。

这是我在台湾临床示范所看到的一个家庭，听了个案的背景，让我对孩子十分好奇。这是怎样的一个年轻人？能够如此持久地维持一个偷窃习惯，必有他的微妙因素。

这年轻人倒是十分坦白。问起他在学校的生活，他说最喜欢舞蹈课，但是明知父亲不会赞成，故意在选课时选羽毛球，因为那是大多数同学的首选，自己一定不会入围，因此便顺理成章地入了舞蹈课。我与孩子闲聊，只是投石问路，因为一个年轻人愿不愿意与你交谈，是你无法控制的。但是父母在旁看着，十分着急，尤其是父亲，连很简单的话都抢着代儿子答。

儿子其实很聪明,只是习惯由得父母代言,如无必要,也懒得费唇舌。他最近又因偷窃被起诉,过两天就要上法庭。但是问起这事,他是十问九不知。这次父亲真的憋不住了,急着向我出示一本册子,要我仔细看去。

册子是父亲的笔记本,里面记载着儿子的一举一动,去了哪一间商店,偷了什么东西,明察秋毫,还有父亲怎样在儿子背后跟踪的经历。如果说这笔记本记录的是儿子的故事,不如说这是父亲的故事。一个如此苦心的父亲,把儿子的每日生活,当成他自己的生活,连儿子每次上法庭的传票也一张张收藏起来。儿子上法庭,变成父亲上法庭,怪不得年轻人对法庭里的经历没有什么印象。

孩子在外出了问题,很多人都很自然地就怪罪父母不够关心或没有管教。这个家庭却刚好相反,他们是每一分钟都在管教,为什么仍事与愿违?

原来这对夫妇结婚近二十年,还有一个小女儿,比哥哥小四岁。夫妇对孩子的管教方式完全相反,父亲觉得母亲太严厉,母亲觉得父亲太柔顺,彼此都不服对方。因此孩子年幼时,全部由母亲管教,父亲看着妻子败得一塌糊涂,宣布放弃,才欣然接手。只是妻子也不觉得丈夫的方法有效,冷眼看着他钻入牛角尖,也不加劝阻,结果是父亲与儿子难分难解,母亲与女儿结成一党,夫妻我行我素。

我们请这夫妇坐近对方,尝试交换彼此的想法,但是他们的眼睛仍是看着孩子,完全谈不起来。父亲迫不得已时,也会流露对妻子的埋怨:"她不喜欢留在家里,不是忙着工作,就是做义工,对家里的事不闻不问!"

母亲却说:"我在外面做事,一切都很顺利,获得很大的满足感,在自己家中,却只有挫败的经验!"

让她最感挫败的,真的完全是孩子的问题吗?当然不是。只是谈孩子的问题容易,谈夫妻间的问题就很困难,几乎每个问题孩子背后,都有一对无法解决矛盾的夫妻!

教养不一致只是表面问题,所有孩子都知道父母是不可能绝对一致的,最笨的孩子都懂得如何在父母的分歧中取利。但是当父母的不一致代表着夫妇之间一种深层次的摩擦,一种基于无法在相处中找到乐趣所造成的孤单与疏离,满怀情绪无处抒发时,那暗涌就会严重影响到他们怎样处理孩子。不但无法发挥父母的能量,反而把自己的负面情绪全部转移到孩子身上。

年轻人在小学时与母亲纠缠,中学时又与父亲缠绵,根本没有适当的自我发展空间,父母避免正面冲突,结果只有在孩子身上打仗,证明自己的方法才是对的。他们不知道,管孩子有时要严厉,有时要放松,这绝对需要夫妻两人一起商讨对策。问题是,很多夫妇都缺乏这种父母必须具有的沟通;并非他们不懂沟通,而是他们不相信有能力说服对方。

我们尝试了很久,真的无法让父亲同意一个十六岁的年轻人并不需要那么多关注,无论我们怎样解释,他都是振振有词,总有足够理由要继续他自己的教育方式。母亲一直在旁偷笑,很高兴事实证明丈夫就是如此顽固。我们精疲力竭,只好让他们第二天回来再试。

第二天会面,丈夫告诉我们,他来自传统的农村家庭,父亲怎样无理,母亲都默默接受,从小他就站在母亲的一边,长大后更是希望做个好父亲,渴望给孩子一个温馨的家。他拿出一张抱着幼儿的照片,两眼望着儿子,表情比蜜还甜。这父亲爱子之心,令人感动。如果他以同样眼光看妻子,事情的发展也许就不一样。

而且孩子是愈看得紧，愈看出毛病。他老是认为孩子头顶凹了一块，长大后必会遇到很多劫数，自小就为他担心。偏偏妻子是会计师，凡事有板有眼，丈夫看她对儿子如此苛求，心中实在不忍。只是他也无法说服妻子，只得由她，等到妻子罢手，他才有机会做他的理想父亲。

怪不得他像做研究般，把儿子放在放大镜下细心观看。

妻子的成长经验与丈夫完全不同，她的原生家族是早期随着国民党移居台湾的官员，生活与价值观都与原住民的丈夫格格不入。对她来说，丈夫过于保守、内向、没有朋友。丈夫娶她时是因为喜欢她的组织能力，婚后却嫌她过于管制。改变不来丈夫，便专心改变儿子，谁知儿子也是愈管愈管不了，处处与她作对，甚至向她动武，让她心灰意冷，只好交由丈夫去管。她并不认为丈夫比自己管得好，但是，她感慨地说："我自己教子也实在不成功，还有什么话可说！"

两个疏离的父母，起码愿意反省自己的心态和困扰。

年轻人听着父母的陈述，第一次话题不是集中在他的偷窃行为上，有点意外，反而认真起来。我问他："你小时候的故事是母亲编写的，长大后的故事是父亲编写的，你想这样下去吗？"

他说："不想！"

我说："不想的话，就要找回自己的声音、自己的思考，明天自己面对上法庭，而不是让父亲代你求情！"

我又告诉他："六个月后我就会回来，到时你可以给我看你自己写成的故事吗？"

年轻人与我握手，一言为定！

这段家庭会谈，只是一次播种，六个月后，才知道能否萌芽。

把 母 亲 还 给 爸 爸

　　这是学校老师转介来的个案：一个十六岁的大男孩，就是不肯上课。

　　我想，不想上课的孩子真多，见完一个又一个，每一个都有不同的故事；偏偏本来答应出席的老师突然来不了，我对着这一家人，真不知从何说起。好在这孩子十分坦诚，我问他："为什么不肯上学？"他说："上课很闷，实在提不起兴趣。"

　　但是他承认，与转介他的那位老师很谈得来，我说："有谈得来的老师，学校就怎样也闷不到哪里去，必有其他不想上学的原因。"

　　那年轻人想了半天，腼腼腆腆地不知道如何答我。不过他看来是个认真的孩子，十分有礼貌，并不像在敷衍我。他还有两个妹妹，一个十三岁，一个只有十岁。两个大孩子商量了一下，一同决定他们的问题是父母管教过严。

　　父母管教过严，几乎全世界的年轻人都是同样投诉。这是一个台北的家庭，究竟他们的管教有多严，我们就一同探讨吧。我请他们与父母对坐，利用这时间彼此交谈。没想到才坐好，母亲就说："还是让我来开始吧！"

她说:"我结婚的时候,医生就说我们很难生育,怀到第一个孩子的时候,简直是个奇迹。那时候,丈夫叫我辞职回家好好生产,但是我很喜欢我的工作,在万分不情愿的情况下才放弃。在工作上,我得到很多认可。回到家里,我却连煎一条鱼都难以胜任。那时候,我会拿着锅铲坐在地上,放声大哭,心中实在苦得要爆炸,没有人知道我的悲哀……"

她继续说:"孩子长大后,他的一举一动都让我放心不下,我总是怕他出事……偏偏他又不争气,不是不肯上学,就是逃课,让我没有一刻的平和;现在每天都要与他角力,大吵大嚷,人都快疯了。"

母亲的话,是那样轰轰烈烈,让人心灵震动,也让我感受到原来儿子是在母亲如此激烈的情绪中长大。很多人不知道,所谓依附理论(attachment theory)指的就是母亲与子女间的千丝万缕。母亲的心态愈不安宁,孩子的感觉就愈不安全,不知不觉地就会依伴着母亲,不能放手。这是一种潜移默化的现象,并非有意造成。这些孩子长大后,都会与父母对抗,看来好像是反叛行为,其实是难分难解,而且这种纠缠一般都会历久不衰。

像这个年轻人,老是埋怨母亲麻烦,但是他每天起床,第一件事就是把房门锁上,然后上床再睡。而母亲的耳朵,已经习惯性地等着儿子锁门的声音,听到这声音立即就跳起身来,儿子的锁门其实是对母亲的一种邀请,展开每日一次的母子大战。一个在门外力竭声嘶,一个在房里心情起伏,这种叫孩子上学的方式,连两个女儿都忍不住笑出声来。她们都说,母亲忙着处理哥哥,理不了她们,两个小的反而自己乖乖去上学。原来母亲即使成功地把儿子赶出门口,并不等于他就去上课。一天不停用手机遥控,手机是现代母子之间的新脐带。

我对孩子说:"你一定很享受这样与母亲不离不舍。"

他赶忙回应："不是的,绝对不是的! 我实在烦死了!"

我说："我才不相信你。如果真的是嫌烦,就不会逗留在家里。上学多闷,也比困在家中好。"

他很苦恼地说："真的不想天天与母亲闹情绪。"

我仍然摇头,说："你是个聪明的孩子,如果不想与母亲天天吵闹,母亲想闹也闹不起来。你看,你并不是不能起床,不然又怎能把门锁上? 你分明知道母亲一听到锁门声就会走来拍门,这才有机会展开每天一次你追我赶的闹剧。这个游戏一点也不好玩,只有你才玩得如此津津有味!"

我看这孩子很逗人喜爱,便趁机挑战他的想法。我故意把他每天与母亲的角力详细地重复一次又一次,不只是让他觉得不好意思,同时把一些习以为常的事物凸显出来,让他以崭新的理念去思考,找寻新的出路。

我们交谈了好一阵子,父母都全神贯注地留心着我们的每一句话。我对年轻人说："我昨晚去看了一场西班牙的 flamenco,这些舞步其实千篇一律,来来去去都只有几个形式,但是他们独自跳得兴起,就会邀请别人一起跳。我看你也是天天要与母亲跳舞,你想,你们跳的是什么舞? 两人如此抛来丢去,一定是探戈吧?"

他笑起来,答："那是一种很奇怪的母子互动!"连父母都笑了起来。母亲说："我其实知道自己这办法实在行不通。我知道要放下,但是这孩子对我实在太重要,一想起他无心上学,我便无法自我控制。"

我问她："你是一个火热热的人,内心有说不尽的情绪起伏和澎湃,你丈夫能够明白你的激烈情绪吗?"

她说："我丈夫是个大好人,他很爱家,但是他不能接受我的炽热。"

丈夫也说,自己是个十分理智的人,最怕的就是太太这一股激情,让他无法面对。而儿子,就忠心地填补了父亲的位置,满足着母亲那大起大落的情绪需要。

孩子不上课,怎么引发起如此一连串的荒诞诡论?其实这想法一点也不出奇。这只不过是铁三角的一个常见现象,只是每一个铁三角都是以不同形式出现。每个剧本形式都不同,却是同一个故事。

这些故事其实都是来自家人所提供的内容。只要细心聆听,留意观察,跟着家庭的脉搏探索,这家庭关系的拼图就会呈现出来。

从人际网络看个人问题,人的行为就有不同演绎,我们就不会狭窄地只被表面的行为牵引。这青年怎样也想不到自己与母亲的矛盾,反映的竟是无法与母亲分离。母亲倒是一点就悟,承认孩子从小就与自己最贴心。在她最焦虑苦闷的时候,儿子是母亲最好的伴。我告诉她,我也认识一个与她一样具有强烈情绪的母亲,总是感觉在火中燃烧,我们叫她"火凤凰"。偏偏很多男人都害怕女人这种猛烈的情感发泄,让她憋着一肚子的不痛快,倒是女儿与她久不久就来一次惊天动地的争吵,才让她抒发得淋漓尽致。

这母亲听了我的故事很高兴,每个人都以为她太情绪化,很少人赏识她的壮烈情怀。其实最清楚母亲的是儿子,只是这种"奇怪的母子互动"实在不能继续,否则就会妨碍年轻人的正常发展。

我问那一直不多话的父亲:"为了儿子,你愿意自己去面对妻子的情绪要求吗?"男人还来不及回应,妻子已经主动地靠到他身旁,情深款款地说:"你别老是怕我发疯。你多陪我一点,我就不会追着儿子!"

丈夫真的用手拉起妻子,两人露出前所未有的亲密。这对夫妇虽然有些隔膜,好在彼此之间不存苦涩,孩子的问题也就容易解决。年轻人不再坚持自己不喜欢学校，真的努力思考怎样不再做母亲的舞伴。

这是很让人喜欢的一家人。临别，我对他们说："我六个月后就会回来，到时我希望你们会告诉我一个新的故事，一个年轻人怎样成功地把母亲交还给父亲的故事。"

我们一一握手，一言为定！

父 与 子

在台北一口气见了三个家庭，其中两个都是孩子不肯上课，两个都是十六岁的大男孩。一个是天天与母亲大吵大骂，一个是日夜与父亲不停争辩。后者尤其严重，父子之间往往一发不可收拾，儿子因而数度入住精神病院。这次是由主诊的精神科医师把他们带来接受咨询。

主诊医师自己也是家庭治疗师，他说，与这家庭已经工作了好几个月，不断协助父亲加强管教能力，用合约形式管束儿子。问题是，无论计划怎样周密也没用，孩子已经长得与父亲齐头，孩子不肯就范时，父亲无论有多强硬，也斗他不过，甚至动起刀来，结果只有把孩子送入医院，最长一次住了一整个月。现在连医院也失去它的威力，儿子最近甚至主动要求入院，理由是医院比家里清静。

很多专家都认为这是行为管教出了问题，我却想，这可能又是父子过于接近而造成彼此都不能喘气。但这只是我的推测，必须好好探索才知道是否属实。

我们一同会见这家人。年轻人坐在父母的中间，一点都不像形容中的大魔头。他文质彬彬，我的普通话不够用时，他会用英文替我补足。我说："你英文那么好，一定很用功上学。"他说："不是的，只认得一些单词。"坐在他身旁的父亲,也一样善于用英文为我解释一些我听不懂的名词。

因为我听不清楚年轻人的名字,便请他给我写下。那是一个很风雅的名字,原来是父亲给他起的。父亲说,起了这个名字,是因为希望儿子有云一般的自由。我问他们:"做得到吗? 真能像云一般自由吗?"

我看儿子夹在父母中间,像皇帝一般被供奉着。叫他把名字写给我,他还没有动,父亲就急着去找白纸,母亲又立即把笔送到他手中,他几乎完全不必动手。当然,他写字时又吸引了父母的全部注意,好像没有人相信他知道怎样写自己的名字。如此备受双亲关注的孩子,我们称之为"在放大镜下长大的孩子",他们的一举一动都逃不开父母的观察,连放一个屁,都会有人去研究这个屁有多响、多臭。

我在很多地方都见过这种孩子,亚洲地区尤其常见,他们一般都很容易产生各种心理及行为上的毛病。我问他:"你需要爸爸、妈妈这样帮你吗?"他斩钉截铁地说:"不需要!"我又问:"那么你为什么不对他们说,'爸爸、妈妈,不必帮我,让我自己来'?"他说:"因为这是他们喜欢做的!"

这年轻人说得不假,这父母亲真的是欲罢不能。我不知道他们怎样变得如此奉承这孩子,他们其实还有一个小儿子,年龄相距大儿子不远,但是没有带来。

我问年轻人:"全部目光都集中在你身上,你真的舒服吗? 如果不舒服,就不如坐到我这一边来!"

他真的从父母中间抽身出来,坐到我旁边。我们谈了好一会儿,都是有关他在外面的生活。父母仍然留心观察,尤其是父亲,不停地帮他解释,甚至指出儿子近日心情不好,是为了爱情瓜葛。年轻人并不想谈这件事,问我:"现在不谈这个可以吗?"我答:"当然可以,但是我不明白,你爸爸好像对你很了解，连你的感情生活都知道，怎么会弄得两人如此水火不容？"

他们给了很多不同的解释，大都是两代意见不合、年轻人反叛之类的老生常谈，但是都不能解决我的疑惑。一个是温文尔雅的父亲，一个是谦恭有礼的年轻人，怎么一碰就是火星撞地球？

我想了解他们父子之间的根由，他们却只想解决一项眼前的纷争：原来儿子决定要到台南找朋友，爸爸不让他去。他们只想问我意见，年轻人倒是很有礼貌地问我："你认为我该去吗？"

问题是，如果我劝他不去，他会接受我的意见吗？他连背包都收拾好了，一直抱在怀中不放手。即使他肯听我的话，无意中也会贬低父亲的权威——年轻人为何要听我而不是听他爸爸？这父亲在儿子面前已经是毫无威力，我怎能再挫他威风。但是这形势实在叫人为难；偏偏父母都聚精会神地听着我与年轻人讲话，父亲甚至边听边做笔记，还叫老婆要学习我怎样与他们儿子沟通。

如此苦心的父亲，真叫人感叹，而这恰恰就是父亲的死穴。

千万苦心，儿子仍然跑了。我们的会谈还没有完结，他已经赶着上路，留下两个落寞的父母。并非我不想为他们把儿子留下，我甚至邀请他第二天再见面一次，但是他说不成，已经约好朋友，就跑掉了。

第二天，父母反而带了小儿子来。夫妻仍是谈着大儿子的事。母亲认为儿子回来时要罚他，父亲却认为不可，倒是小儿子毫不关心地玩游戏机。我问他为什么父母会完全拿哥哥没办法？他一针见血地回答："因为爸爸对他太好了！"

爸爸对儿子太好，怎么会是个问题？这个答案，可能没有人比孩子更清楚。趁着大儿子不在，我们希望了解父亲对孩子的执着是怎样形成的。原来这个长子的来临，给家族带来很大的期望，偏偏大儿子自小就是毛病甚多。父亲说一直以来，自己的家族就告诉他，只有他一个人可以管得住这孩子。家族人这么说，分明是指他妻子没有用，任何女人听了都不会高兴，但是他的妻子却没有大反应。她说，并非听不出家族人对她的弦外之音，但是一向习惯支持丈夫，对什么事情都无所谓。看来她真的是个没有城府的人，大部分时间都是面带笑容，除了对家中三个男人尽心待奉，没有太多自己的要求。

男人说他很欣赏自己的妻子，但是明显地，他对妻子的关注远不如对大儿子那般强烈。事实上，即使大儿子不在场，他的思考仍然被大儿子霸占着。只有谈起大儿子，他的脸上才露出神采。原来父亲并非只是集中在管制孩子，他其实很想与儿子做 soul mate，处处想与儿子谈心事。怪不得儿子喜欢哪个女孩及遇到什么挫折，他都了如指掌。

与孩子做朋友，本来是个好主意。问题是，父母、子女都需要有些时候看不到对方，甚至忘记了对方的存在，各有各的生活，不能老捆在一起，尤其是孩子出现了行为问题，如果他视父亲为平辈，就很难受教。怪不得主诊医师努力协助父亲建立权威，都不管用。因为父亲在情绪上太需要儿子的认可，每次都在败得一塌糊涂时才摆出权威来，连小儿子都看得出父亲的死穴。

如何成功地管教年轻人？关键不在年轻人，关键在父母，甚至整个家族。

阿公阿嬤 Rock and Roll

到台湾教学，一连看了几个十分愁苦的家庭：十分愁苦的人，困在十分愁苦的关系中，跳着十分愁苦的舞步，谁也不能动弹。

早上醒来，正感到十分沉重而疲累，打开电视，眼前一亮，看到一群老人家在跳舞。这些长者的年龄由六十至九十岁不等，穿红戴绿的，跟着吵闹的摇滚乐，又摇又摆，舞个不亦乐乎，脸上的皱纹因为笑得灿烂而更加显眼，笑大了的嘴巴露出几颗歪歪斜斜的牙齿，他们却毫不在意，还故意在脸上涂脂抹粉，像小丑般自娱自乐。

我本来打不开的眼睛都不由自主地瞪大了，这是从哪来的天外人物？怎么与我这几天看到的那些愁眉苦脸的家人，有如此巨大的区别？

原来他们都是来台北参加每年一度的庙会舞蹈比赛，怪不得人人冲劲十足，目的只有一个，就是跳个翻天覆地。

有个从屏东来的舞队尤其可爱，其中有位阿嬤已经八十七岁，打扮得像个中国娃娃，头顶扎起小辫子，脸颊涂上两块圆圆的胭脂，红色套装，绿色围裙，舞起来全身颤动，每块肌肉都在摇摆，特别是臀部，像触电似的抖个无休无止，原来她被称为"电臀舞后"。

有年轻记者采访她："阿嬤，你一天要练习多少次？"

阿嬷听了记者的问话，微笑不语，立即转身使劲扭动身体上下舞一大圈，一番耀武扬威，才答："七百次!"

记者听不清楚，再问："一百次吗？"

阿嬷已经大摇大摆扭着屁股远去了。

也许阿嬷的摇摆乐实在有感染力，村中很多本来不出门户的长者都跟着加入这个摇滚舞蹈团。他们多是农民，不是忙耕种，就是忙练舞。现在种田时也边做边扭动，阿嬷务农时就是上身向地双手做活，屁股却顶向天空，继续抖动。

最有趣的是有个患了严重心脏病的阿公，体内架了十二条支架，本来在家等死，被老伴拉了出来 Rock and Roll，现在却是欲罢不能。他当然没有阿嬷的一身劲，扭起来步步维艰，但更是让人惊讶。他说："每次出来练习，都先到急诊室挂号，身体支撑不来时，就赶快入院修理修理，再出来跳。"

也许你现在明白，为什么我会眼前一亮。我并不是特别喜欢看老人家跳热舞，我看到的是一群本来机会不多的普通人，怎样超越现实、年龄、体力及无情岁月的摧残，舞出他们惊人的生命力，划破时空，发出如此动人的光辉；那种自得其乐、自我陶醉，不受任何束缚的表达，让我突然心花怒放，不自禁地也随着扭动起来。

那节目还介绍了一个虎尾小镇，每年都有当地著名的布袋戏演出，还保留了很多日式建筑。但是小镇只有几万居民，而且人数一年比一年减少，为了不想在地图上消失，居民决定要"国际化"，他们全民学习英语，以便向外来的访客介绍这个小镇的文化。唯一会说英语的一位老师便义务施教，只见全镇居民都在咿咿呀呀，其中很多也是农民，大半生都活在小镇里，临老学洋文，各展奇谋。

有个农夫练习英语的方法，就是对着田里的萝卜谈情说爱。他说："萝卜、萝卜，I love you! I love you so! I look after you! I see you grow fast!"

天天如此，悠然自得，那些萝卜有没有因而长得快一点虽不得而知，但是他那带着浓厚乡土味的英语，倒真的是可以冲口而出，娓娓道来，神情自若，让来自远方的背包客听得津津有味。

台湾的家庭往往让我心情沉重，他们的关系总是那么纠结，各种失望、苦涩，一股强烈的被抛弃感和恐惧把人压得喘不过气来。台湾的民情却让人充满惊喜，他们自动自发，完全没有政府资助，社区意识那么强烈。两个简单的例子，就让人感到痛快淋漓。

为什么会有如此差距？我想，有问题的家庭，很多时候都是几个人或几代人被困在一个固定的空间，没有窗户，只有传统、家规、要求、期望，和达不到期望时的失望、苦涩。我们最需要的亲情和爱，有时也会变成一种责任，甚至是一种武器，让人瘫痪。家的空间不单是实体的空间，更重要的是人际的空间，人际的空间往往比实体的空间更能约束人。

以前不明白什么叫"寡母婆教崽"，这次在台湾见到一个寡妇，一辈子的辛酸全写在脸上，挂在嘴中，每一句教孩子的话，都是背负着重重的情感包袱，一种"知否我为你牺牲多少"的提示，孩子一方面明白母亲的哀怨，一方面却无法忍受这种充满晦气和酸气的说话，接受不了，又逃不掉，只有一起纠缠，谁也别想脱离。

有些话语让人落在深渊无法超生，有些表达却让人如沐春风，关键在哪里？

那天，我在饼店看到一个香蕉蛋糕，体积比别的蛋糕小，价钱却贵一倍，我问售货员为何如此，她说："因为这是用爱心做的！"

爱心值多少钱？很难估价。但是售货员轻描淡写的一句话，就让我心甘情愿地买下这个贵蛋糕。也许关键就在于一种痛快，一种不受现实拘束的轻松。

不幸的家庭，都有个不能超脱的现实：孩子不听话，老伴不体贴，公婆不沟通，一连串的不愉快，一宗宗的断肠事。如果这些现实是真的，那么人生就没有可取之处。好在现实必须有人深信不疑，才能维持。这世上有很多堂吉诃德，他们有足够的想象力，把风车变成巨人，把妓女变成贵妇。那用爱心做的蛋糕，那不停扭动的八十七岁屁股，那用外语与萝卜沟通的农人，都是在提醒我们：只有不顾现实的人，才会活得精彩。

因此，要挑战现实其实不难，只要远离苦涩，眼睛多看那触电般的臀部，耳朵多听不伦不类的萝卜语，口中多吃用爱心做成的东西。无论生活中碰上多么不顺意的事，也可仿效那体内架满支架的老头儿，以自己的方式，对着全世界大摇大摆，大扭大拧，Rock and Roll! Rock and Roll! 管他人间何世！

小 妹 要 出 嫁

这是台湾同学给我带来的一个教学示范个案。讲堂已经坐满了来观摩的人,就是迟迟不见家庭现身。

同学急坏了,不停打电话去催,先是小妹说已经与父亲准备出门,就是找不到母亲,后来连大姐和小弟也不见了,倒是小妹的男朋友一早就来了,一个人等得十分不耐烦。

原来小妹下个月就要出嫁了,但是双方家长仍然没法达成协议。尤其是女方母亲,始终不肯接受男方家庭提出的条件;一家人已经接受过多次辅导,问题不但没有解决,母亲还生了辅导员的气,觉得她偏帮男方。这次不肯出现,是表达她的抗议!

母亲不来,大姐与小弟也趁机打退堂鼓!同学不断问我:妈妈不来成吗?姐姐不来成吗?弟弟不来成吗?

这是一个有趣的问题,究竟谁来、谁不来,要如何决定?

结婚的是两口子,照理他们来了就成。问题是小妹不想在没有母亲祝福的情况下成婚,曾经为此与男友决裂。现在好不容易做好结婚准备,说不准这次又要告吹?因此,我坚持无论如何都要尽量邀请所有人出席。

折腾了好一会儿,终于小妹带着父亲和毫不情愿的大姐来了,小弟也在途中,母亲就是誓死不来。

我们只好开始讨论,但是姐姐坚决反对妹妹的未婚夫加入。她说:"这是我们的家事!"

究竟要谈什么"家事",不能让这准女婿参加?当然是与老妈有关!

父亲十分坦诚地指出:"让我来说吧,问题全在我老婆,她在嫁我之前就与原生家庭存有严重矛盾,我本来是想靠自己的能力去医好她,但是并没有成功……"

把老婆当作病人的老爸,对坐在身旁的小女儿却是万分宠爱,不断鼓励她要为自己的幸福打算,他说:"你什么都不用担心,爸爸绝对支持你!我一定会为你主持婚礼!"

小妹却只顾焦急地望着坐得远远的姐姐,姐姐说:"不要算我一份,我到时已经离开台北,无法参加!"

这才知道,姐姐很久前就移居欧洲,这次只是回家探望。但是明显地,她并不赞同父亲处理母亲的方式,冷冷地说:"老妈认为老爸从来都是对外人千依百顺,唯独对她没几句好话!"

这次小妹的婚事,本来已同意在台中举行,结果却改到台南,因为男方家在那里。母亲认为这对住在台北的女方家是很不公平的,尚未成亲就对女方家如此不敬,女儿将来哪有立足之地?但是父亲不但没有支持她据理力争,反而怪她小气。

老妈不在,大女儿就是她的代言人。大姐认为,问题不在母亲的原生家庭,而在父母之间的关系。

本来理直气壮的父亲,变得一言难尽。但是他仍然无法理解:老婆不是应该绝对支持老公的吗?在朋友面前温柔体贴,小鸟依人,让外人羡慕不已，而不是咄咄逼人，让老公无地自容，所有道理都站不住脚。

这时小弟也到了，他说自己在家一向中立，本来也没有打算发表意见。发觉大家都在评论父亲的"治妻之道"，也忍不住说："老爸太大男人主义了，我将来是绝对不会这样对待老婆的！"

原以为老婆才是问题的老爸，发觉矛头突然全指向自己，十分苦恼地说："我只是个军人，哪知道那么多应付女人的道理！"

我回应他说："不是呀，我看你对妹妹就十分温柔体贴，为什么对老婆不能一样？"

大姐补充说："其实老妈对老爸倒是很体贴的！"

她特别提出一个例子："那天老爸与朋友打麻将，妈妈特别为他买了咖啡回来。老爸不但不领情，还当着朋友骂她不会做人，怎么只买给他而没有买给他的朋友。在众人面前被如此数落，老妈气得都要爆炸了！"

我笑老爸说："怪不得你说医治老婆不成功了！试想想，如果你当时对朋友说：'你看，我老婆多好，知道我现在最想要的就是一杯咖啡！'这样，不单你的朋友羡慕，你老婆听了也开心呀！何乐而不为！"

老爸最失策之处，就是不知道老婆是不能用来教训的，我从来没有见过骂老婆成功的男人！

我相信这个道理对小弟将来娶妻也会有用，可惜准新郎一直在外面等着，没听到这么重要的结论！

是时候让他加入了！我们请老爸负责把这个讯息转告给他，他倒是听得莫名其妙。这会谈不是要解决母亲对婚礼的阻拦吗？怎么扯到老爸身上？准女婿最担心的只是这婚结不结得成，一早就来了，却被挡在门外进不来！

他也许不知道，婚姻真的不仅是两个人的事！不但父母，姐弟都有重要的角色，在他们的关系网络中，互相冲击，产生每个家庭特有的火花！家有喜事，当事人往往都不是真正的主角，只是陪衬而已！

如此看来，解铃还须系铃人，如果想母亲出席喜宴，还得要靠老爸出头。方法很简单，他只要把对小妹的一半宠爱，分给老伴就成。

人们都说，女儿是前世情人，老婆是讨债冤家！我却认为，要家庭幸福，就得两者交换；女儿是别人的老婆，老婆才是你的老伴！

回港后收到同学来信：小妹终于出嫁了，很高兴告诉你，那天老妈也有出席！

没 有 你 的 日 子

　　小毓的丈夫已经走了三年,她也从纽约郊区的大屋,搬到旧金山一座时尚的公寓,对着海湾、落日、归帆,由相依为命的两人生活,变成孤单的一个人活着。她说:"现在无论走到哪里都不用赶着回家,再也没有牵挂,但是我怎么总觉得像一条丧家之狗?"

　　在过去三年,小毓去过很多地方,无论朋友约她去哪里旅游,她都没有拒绝,甚至一次朋友约她出门,结果朋友因为生病去不成,她也独个儿上路。她说:"走在葡萄牙的古镇路上,踏着数百年老的石头小径,路旁长满紫红色的小花,一切都美得如诗如画,为什么我心中却只感到无限凄凉?"

　　再也没有良辰美景,只有走不完的路。上天对女人是不公道的,让她们活得比男人长久,什么"执子之手,与子偕老",都是骗人的!人都走了,又怎样执着手,怎样一起老去?

　　没有丈夫的日子,小毓要学习自己生活。她说:"原来生活上有很多繁琐事,以前都是丈夫处理妥当,一旦保护你的人不在了,柴米油盐都得自己张罗,并非无法生存,只是一脑子的迷糊,一万分的不情愿!"

　　她把时间安排得很紧凑,上剧院、看电影、吃美食,每周找教练做三次运动,瑜伽、Pilates、Line dance,所有单身或非单身女人的活动,她都积极参与。而且她一向喜欢看书,参加了当地的读书会,每一本书都为她带来喜悦和充实。只是无论她怎样努力,怎样放怀欢笑,就是赶不走心中的一份愁意。

小毓是我的小学同学,从她丈夫发病开始,就一直与我分享他们的经历,由满怀希望、四处寻医,以至希望的破灭。他们一直没有放弃,在仍然没有咽下最后一口气前,人还是活着的。有三年时间,他们每天都在与癌症打仗。癌症成为他们婚姻的第三者,老缠着他们不放手。好在这个第三者实在不受丈夫爱戴,反而把小毓夫妇拉得更紧密。每次从医生处听到一点点进步,他们都高兴得大吃一顿;每次听到坏消息,也是大吃一顿,兵来将挡,完全不会有没法可想这一回事!

很长的一段时间,他们不停地旅行,走到一个又一个遥远的地域,设法走离癌症的魔爪,也赢了很多大小战役,一关一关地捏一把冷汗。天仍是蓝的,海仍是绿的,活着的人仍可以一刻一刻地享受人生,直到最后一刻,才知道分手是必然的定局! 只是在此之前,不知道原来心脏是会停止跳动的,他的手仍是那样温暖,握紧着他手时,他微弱的脉搏会突然上升,眼角隐藏一滴泪,他不想走,心却突然停顿了,而那一刻,她自己的心,也悬空而挂。

原来死亡就是告别生活;告别那一杯香醇的咖啡,一壶好茶,那一顿精心策划的美宴,震荡四壁的 Mahler 音乐;告别无限的亲情、友情、爱情,那么多令人留恋的好东西! 告别威尼斯广场相对呆坐的悠闲,维也纳歌剧院前排长龙抢到一席站位时的狂喜,烈日下在 Tuscany 古镇吃一大杯意大利雪糕的快意,或是一番无聊争吵后的言和!

在病房的日子,他们紧紧地握着手,结婚多年,从来没有比此时更感接近,丈夫已经十分疲弱,仍然谈着出院后的计划。他说,最开心的就是在病榻上,手拉手长谈。他说,只要多给他三年,就很足够,就会善用!

明知没有明天的人对明天仍是充满憧憬!而她知道,他的明天,只能留存在自己的无限思念中,在最不经意时,他的音容会突然在脑海中浮现,让人一阵心痛。

死别,原来是如此残酷,无论两人有多亲密,那最后的国度,都必须自己一个人上路,而且过了奈何桥,饮了忘情水,便什么也记不得了。只留下断肠人,仍然努力地抓住记忆中的一点一滴。

小毓就是这样度过了她没有丈夫的三年!

她不时给我寄来她的游记,围着地球转了好几转,见识了不少名山大川,品尝了天下美酒佳肴,人是自由了,但是总是有种虚不着地的感觉。猛然回首,明知灯火阑珊处再也没有旧时人,却不断在人群中迷失,四处寻觅他凝视的眼神!

最近,我又收到她写给亡人的信:

在那一千三百个没有你的日子里,我刚过生日,而你却一早走了,我终于活得比你年长了!走前你曾问:"在没有我的日子里,你怎么办?"随即立刻又说:"要是我今天没有你,又怎么办?"

当时,心情麻木,只知道一天你还在,怎样我都得去办。却也感觉你无奈的关心,知道你仁厚的歉意,真的你是如此善良的一个人。

告诉你,悲伤了好一阵,爱笑的我,收敛了笑容,积极努力地安排以后的一切。当然也曾有消极的时光,然而至亲好友给予的爱心及关注,是容不下我滞留在有欠健康的思幻中的,此后我认识了平静,接受了自己的现实。

这些日子里，做了许许多多你想做的事情以及嘱我去做的事情，如爱护亲友、看儿孙成长以及继续旅游。我也依然去做你所认为很花费时间的阅读，以及写下自编自作的小故事。这一切让我充实地活着。

放心吧，没有你的日子里，我怀念你——我此生中最善良的过客！

小毓的故事，也是我的故事！

安 魂 曲

圣诞节,应是普天同庆的日子,但是同一期间,很多人却失去亲友,这些离世的人,他们的生命,已经在二〇一三年终止,无法见到二〇一四的来临!

孔修来电,问我是否知道 Anna 走了。我说我知道了,但是错过了在大堂的一场送别弥撒。

我与孔修几乎是同一时间认识 Anna 的。那时我们刚成立了香港大学家庭研究院,虽是属于大学的一个中心,但是在经济上却要自供自给,有人提议邀请 Anna 加入我们的筹款及推广委员会,她就来了,并且为我们招来很多志愿者。做了很多工作后,才问:"你们是怎样找到我的?"

Anna 是妇产科医生,她的业务本来就很忙碌,随时要去接生,往往用午饭时间赶来开会,但是永远充满活力,一身是劲,而且还是健行者的忠实会员。让我印象最深刻的,是 Anna 对文字的尊敬。她每次审阅研究院的宣传册子,都是一点也不苟且,尤其看到不通顺的英文,她说:"这些文字是会咬人的!"

她在病重时还告诉我,正在为一个朋友的新书做校对,那是关于草本植物的书。她得意地说:"这不是我的本行,要不断上图书馆翻书,但是书中所犯的小错误都被我发现并更改了!"

这就是我所认识的 Anna,一个无论做什么事,都是如此敬业重业,满怀热忱。她爱花,到处拍摄花的色彩,我计算机上仍留存着她寄给我的各种花卉图像,让我一脑子的缤纷。在她情绪低落时,我陪她坐在三师会球场旁的木板凳上长谈;在我遇到困难时,她也陪我边谈边走一直由中区走到铜锣湾。那时她已经病重,对于自己能够走这么远,感到十分兴奋,我却很是内疚,赶快找出租车送她回家。

当我丈夫发病时,她又以"病友"的身份来探望我们。最后一次见面时,她来我家吃午餐,那天我赶时间,只草草地准备了法式焗饼和蔬菜,Anna 却说她最喜欢法式焗饼;我想她是观察到我心中的不安而故意安慰我的,她永远是那般乐观和容人。我们三人天南地北地度过一个愉快的下午,完全不去理会那在旁虎视眈眈的病魔。

后来各自理病,有一阵子没有联络。孔修对我说,她一直有去探望 Anna。Anna 是医生,对自己的病一点也不含糊,知道病情恶化时,还是很清楚地交代了自己的后事。她是天主教徒,深信天主会保护及带领她的灵魂,她就这样安详地走了。

孔修问我有无人陪我过冬节,要不要她过来陪我,因为一个星期前,我的丈夫也走了!

两个活生生热爱生活、满是期待的人,就这样静静地离开了,我始终无法相信这是事实。朋友们陪我去办理丧事,我与治丧的工作人员完全无法沟通,他们是那样有板有眼,我却嚷着不去死人的地方,不接受任何为死人而做的安排,我不喜欢看棺木!难道朋友们很喜欢看棺木吗?我察觉到自己的失言!好在他们都没有和我计较,这一段时间,都是几位好友默默地伴着丈夫走完最后的一程,又陪着我这任性而糊涂的人办理所有要办的事，不离不弃，比亲属还要知心！我倒是出奇的听话，他们叫我多睡、多吃，我就抱着大棉被睡了又吃，吃了又睡。如果不是他们一宗宗地为我安排各种事项，我一定躲起来蒙被大睡。

与 Anna 不一样，丈夫并没有吩咐后事，因为他一直以为可以出院，还问我他的鞋在哪里，不是入院时穿的那一双，而是他舍不得穿的一双走长途用的鞋，我答应了给他找来。多年生活在一起，很多事都是不言而喻。我知道他不要去殡仪馆，不要穿西装及打领带，不要对着他哭哭啼啼，最好是大伙儿到他最爱的饭店大吃一顿，不用细数平生。那天梁天伟为我们感谢前来送行的亲友时，久久说不出话，最后只有长长地叹息，那倒是最好的送行。

一声长叹，一束鲜花，还有 Mahler 的第二交响乐，就送丈夫上路！

那是 Maureen Forrester 主唱的一段安魂曲，是孩子们仔细挑选出来的。Mahler 的第二交响乐是关于死亡及死亡后重生的音乐，丈夫生前就爱听，他最喜欢用古老的胆机和一对英国扩音机来听音乐。他说："这样播出来的音质才够精致。"他又说："Mahler 的乐章，主题都是围绕着死亡，却让人听着心灵净化！"

不用天天往医院走，我大部分时间是抱头大睡，有时悲从中来，痛入肺腑，有时又觉得什么事情都没有发生，大吃大喝。清理了堆积如山的工作，甚至与东南亚各地的同僚成立了亚洲家庭治疗学院。糊里糊涂地，半夜被长途电话叫醒，通知我被选为下年度美国家庭治疗学会一个重要奖项的得奖人。我还以为在做梦，一切都不是真的！

只顾躲藏起来，却忘了感谢关心我、为我操劳的亲友。同学们怕我晚上寂寞，下课后轮流载送我回家；朋友帮我打点丧事后，不想打扰我，纷纷留言问我什么时候才愿意出来。

新岁当前，失去至亲的人不止我一人，也许我们其实没有失去他们，他们一直都在身旁，或是附近，永远不会离开我们的心坎！

也许安魂曲的一些片段，真会净化我们的哀伤：

我们站在至爱的人的棺椁前，他的一生、他的挣扎、他的热忱、他的苦难，以及他在世上的成就，都在我们面前最后掠过。

而在这严肃及感触的一刻，有一个急切的声音迫着我们不能忽视。

它在问，然后又怎样？何谓生？何谓死？我们为什么而活？为什么受难？难道一切不过是一个空虚的笑话？

我们可以活在永恒吗？生与死究竟有什么意义？这些问题必须有答案，不然我们怎样活下去？

一个记忆，一线光辉，来自亡人的生命，一些已被遣忘的快乐共聚时光，突然在你眼底浮现，化作一缕阳光，输入你灵魂深处。

站立起来，站立起来！一切都平静而安宁，

我来到一条大路，一个天使守着不让我过去，

不行，我不能走开，

我从神处来，要回到神处，他将给我光辉，让我充满着爱，照亮我到永恒！

噢，我的心，你并没有失落，你所渴望的、所爱的、所追求的，并没有白费，

逝去的必会再站立起来，不再惊惶。

噢！战胜一切的死亡，现在你将被制伏！

在爱的光辉下，我将长上翅膀，

我将死而复生！

旅　途

　　每年暑期返回多伦多时,丈夫都会喜形于色,那里有他的音乐、他的书籍、他的藏酒,还有我们浮在湖中的家。今年(二〇一四年)回多伦多,伴着我的却是他的骨灰,我把它包在一个印满花朵的布袋里,小心地抱着上路。

　　我不明白一个有血有肉的人怎么会变成一袋子里的东西,路上我一如以往地与他说话:我们回家了,你高兴吗? 这位置你坐得舒服吗? 我答应过你,我们将会扬帆出海,这是你最想做的,是吗?

　　我不知道是要打开袋子让风把骨灰带走,还是一把一把地用手撒放。那天船到了湖中,船长说风太大,最好不要打开,把袋子整个抛入水中。扑咚一声,袋子就不见了,只留下一圈圈涟漪,与亲友抛下的花瓣一起散开。

　　然后我就经纽约、亚特兰大,老远地跑到乔治亚州立大学去领奖。在我生命中最不知所措的时候,却突然接到一个国际家庭治疗学界的重要奖状。这个奖状是实木造的,十分沉重,我捧着它在亚特兰大机场转机时,被一个横冲出来的巨大女人撞倒在地上,那奖状像有一吨重似的落在我身上。

好不容易上了飞机，到佛罗里达去探望我的老师，机师却突然宣布，目的地的机场跑道被突然而来的雷电打破了一个大洞，不能降落。离开座位，又走回候机室无尽期地等候。到达佛罗里达时，老师已经在机场等了三个小时。我看到老人拄着手杖站在远处张望，忍不住跑去抱着他大哭起来，漫长的旅途好像找到了终结。

所谓"终结"，其实只是一周的时间。我的老师 Minuchin 已经九十二岁，家庭治疗的一代宗师，一个永远走在前锋的思想家，现在却像所有人一样，面对年老和平淡。他与九十岁的老伴一起，住在佛罗里达州一个 Gated Community，即"围上铁栅的社区"。这是有钱犹太人退休的居所，房子很有西班牙味道，种满棕榈树，一草一木，都修剪得一丝不乱。老师住在不远的女儿，最近把房子的外墙涂上粉蓝色，立即就收到业主管理局警告，必得与其他房子的颜色看齐。

如此保守的环境，Minuchin 说他始终不能适应。但是热带天气在他脸上撒上阳光，比起一年前在纽约见他时，精神多了。

从师开始到现在，已经二十多年了，在他们的相簿内，有我们在各地相聚的照片；在多伦多，在纽约，在香港、北京、杭州、苏州、上海，都留下共同的踪迹。相片内的每个人，包括我的丈夫，都是如此年轻，露着灿烂无比的笑容。

我坐在他们夫妇中间，一同翻阅那收藏在相簿内的岁月，也看着他们由一对黑白照片时代的璧人，变成现在的白发苍苍。

我看到他八十岁时写给妻子的一首诗，不停地发问：八十岁是怎样的一个数字？身体上每个部位都在向你倾诉，为什么自己却全无警觉？年月洗礼的结论，就是挽着共度了五十年的配偶，继续结伴而行。

现在过了九十岁，夫妇两人都说：死亡就在附近等着。

Minuchin 说："我自私地希望先死的是自己，如果她比我先走，我将会忧郁而亡。"

面对死亡，却仍在忙着生活。他们每天看 *New York Times*，留心着全球时局的变化，尤其中东局势。看到保守党的一个议员落选，他们高兴得立即要去庆贺。后来发现入选的是一个更保守、更讨厌的议员时，又气得牙痒痒。他们不但捐钱资助政党及政治人物，还会亲自出力助选。他们埋怨每天醒来，身体上每一关节都在发痛，但是起床后，又照常去做运动，并且认真地把垃圾分类，推到屋前等候收集。我不忍看到他们如此操劳，但是他们拒绝我的帮助，说要维持自立。

老师天天都闹着要带我去湿地看鸟，我知道他行路艰难，总是找借口赖着不走。好在这是雨季，一片晴天很快就变成雷雨交加。我最喜欢坐在他们有上盖的后园看小说，外面是雷声雨声响个不停，里面却是一书在手，别有洞天。

很久没有看小说了。我对 Minuchin 说，不要再给我介绍好书了，不然我一周后就走不了。

当然也忘不了看舞台剧，老远地开车到迈阿密去看戏。他们是这样地兴冲冲，我却担心两老那左摇右摆的驾驶，万分惊险。

谈起我对孩子的一项研究，他说："昨夜我睡不好，半夜醒来，给你想了一套理论；每个家庭都有一套暗藏的规律，决定了每个成员该做或是不该做的行为。为了归属感，我们会向这些规律妥协；为了自我的需要，又不得不挑战这些规律。人的归属感与自我需要是不断相互抵触的，这也是孩子长大必经的过程。这样你工作的影响就不止于亚洲，全球孩子都是一样的。"

我说："请你晚上不要睡好，继续给我出主意，好吗?"

我陪他到 NOVA 大学去教学，只见他一口气示范了三个家庭的会谈。第一个家庭是一个单亲父亲与一个十六岁的少女，多年来相依为命，少女无法放下父亲，走自己的路。第二个家庭是一对离了婚的夫妻，却始终藕断丝连，不能复合，又无法真正分手。第三个家庭有个四岁的男孩，不断被幼儿园开除，他无法离开母亲，又吵又闹，完全失控，直到找回母亲的怀抱，才满意地安定下来。

原来人生所有重要的关系，在不同时段都要经历不同的分离，长离短离，每一别离都会让人痛入心底。也许老师说的并非全对，其实人的一生都在找寻归属感，所谓自主，不过是害怕被拒绝及失落时的自卫。

临行前一夜，我们看了一部亚美尼亚的电影，节奏很慢，几个短暂相聚的人，纵横交错在大时代与小圈子的瓜葛中，没有结论，只有暂时的交接和重叠，让你只能叹息。

有如此一辈子的老师真好，短短一聚，让我在逆旅中找到站脚处。没有说再见，他送给我一座非洲带回来的雕塑，六个身体连在一起的黑人，每个面孔都向着不同方向。而我，独自又再上路。

我 的 曼 陀 罗

从马不停蹄的香港，一个人回到安大略湖上的老家，独居生活其实并不孤独，早上起来看湖天一色，黄昏时见帆影片片，东寻寻、西觅觅，一天很快就过了。

朋友问："你寂寞吗?"

我寂寞，是因为老伴走了，再也没有形影相伴，没有灵犀相通，也没有可以任性吵嘴的人。屋子里满是他的东西，仍然等候着主人的归来。但是衣柜内他的部分已经慢慢被我霸占，他留下的空间，将愈来愈被取代。还有律师及会计师们，正在努力把他的名字及身份从我们共同拥有的户口赶走。

世界是无情的，他的音容仍然鲜明，病榻上那牢牢不放的握手，让我依然心痛。但是正如扎西拉姆·多多的诗句所写的，如果没有那温情的细语、深切的眼神，没有那横逸的衣袂与金色的面庞，还会深记着你吗?还会认得你吗?

会不会有一天，我再也无法想起他的样子来? 而更糟糕的是，那再也不重要了。

看到几个朋友的母亲，甚至朋友自己，都患上老年痴呆症，原来纪录上最年轻的患者才只有二十多岁。一切记忆都被毁灭掉,好像没有发生过一样,那么生活还有什么意义,活过和没有活过又有什么分别?

记得初到港大工作时,刚好遇上一队西藏僧侣在徐展堂楼展厅示范 sand mandala(沙雕曼陀罗),四个盘膝对坐的僧人,各自小心翼翼地敲动着手中一支小管子,让藏在管子内那染上各种彩色的细沙,慢慢地流出,堆砌一幅精细无比的曼陀罗。

那是繁复而又缓慢的过程,每天只有一点点的进展,我每次上课途经展览室,都会进去看看这幅沙雕是怎样一步一步地成形。经过好几星期,一幅佛陀在天堂人间礼拜的画面终于出现在眼前,如此色彩灿烂,如此工笔细致,重重地印记在我灵之深处。

但是画成了,跟着就在诵经仪式中,毫不留情地把一幅精心杰作毁掉。清晰鲜明的曼陀罗,一下子就变成颜色惨淡的一堆细沙。

当时我也想,终归都要毁灭,又何必如此费神?但是那次的经历在我心中一直色彩缤纷,历久不忘。在我面对生死别离的伤痛时,那一幅曼陀罗又再出现了。一样是满脸慈祥的菩萨,一样是四平八隐、层次分明的构图,经历无数次毁灭,那形象更是似曾相识,它用扎西拉姆·多多的诗句对我说:我要如何爱你,才能穿越浮华,穿越时光,不虚妄,不癫狂。

……然而,我们却不能并肩策马了……一鞭,就到天涯。

一次偶然的巧遇,让我有缘经历曼陀罗。也许并非偶然,三世前就注定了让我那天走入徐展堂楼展厅。

Sand Mandala 是藏传佛法的重要仪式,所用的颜料和细沙都是天地间的元素,据说有发挥能量的功效。而 sand mandala 本身,就存有净化和疗治受伤心灵的意义。一切都会毁灭,又再重来,这是天地无法改变的循环,但是我们并非没有选择,可以消极对之,什么都得过且过;也可以对一切的短暂,弥加珍惜。

我不知道如何处理在多伦多的家,也不知道明年是否再回来,多年来辛苦经营的一个小天地,不知道落在别人手上会变成怎样?一直想把对海的小露台变成小花园,但一想到暑期后就要离开,立即就升起"何必多此一举"的念头。再想,一个月与一千年又有何分别?科学家告诉我们,地球已经有六亿万年老,再过六亿万年也要毁灭。时间本来就没有永恒,只有一分一秒。于是,我不假思索就去修饰露台,每天走一里路,一盆一盆地把花朵搬来。我用的都是一夏之花,夏天过了就死亡,但是一整夏都会不停盛放。像那一心一意的僧侣,我也一笔一画地建筑我的曼陀罗。

站在花簇中,对着一湖绿水,清风吹拂我的长袍。我就坐在那里读扎西拉姆·多多的诗句:临风守望三千年,我是沉默的苍天,看你流连,穿梭在无路的世间……

朋友来找我,就捧上一壶好茶,分享一片天地。那天,我的意大利好友带着儿子来访。小萨尔二十岁了,好不容易进入商界当实习生,机会难得,他却十分焦虑,总是担心未来的日子,觉得一切都不在控制中。父母愈是鼓励,儿子就愈彷徨。那本来聪明伶俐的脑袋塞满了外来的东西,怎样也不由自主。少时的小萨尔,像 Raphael 油画中的小天使,碧蓝的眼睛,金色的卷发,十分可爱。现正大好年华,对将来却只感到无限的恐惧。

朋友不断叫儿子放松,let go! 但是他们是第一代成功立业的意大利移民,本身就习惯了不停争取和竞斗,孩子从来就没有在他们身上看到什么是 let go;而他们提供的减压方法,全部都是叫孩子做这做那:去练 meditation、去做瑜伽、去学自我表达。这些本来有用的东西,对小萨尔来说又多了一项苦差。

我问他:"你会玩吗?你会有时容许自己什么也不想不做,只赖在那里感觉自己的存在吗?"

他说:"不会！从未试过！"

于是我邀请他一同远望,看着远方船只往来,海天一色。同一景象,我看到的是日落黄昏,他看到的是月上云端,我们走在不同的路上,我没有可提供的话,只能与他一同读扎西拉姆·多多的诗歌:

放手便是皈依

把心全部交给空性

任它相似相续也好

幻起幻灭也好

且枯且荣也好

把愿望通通归于菩提

任它劫长劫短也好

是轮回是涅槃也好

总之

交出去……

做个赤裸的孩子

在莲花的柔瓣中

盘坐也好

躺卧也好

沉默也好

微笑也好

慈悲也好

智慧也好

扎西拉姆·多多是个来自广州的年轻女作家,她最知名的诗歌《班扎古鲁白玛的沉默》,因被引用在电影《非诚勿扰Ⅱ》而流行:

你见,或者不见

我就在那里

不悲不喜

你念,或者不念我

情就在那里

不来不去……

如此禅意深长的文字,很多人误会是高僧手笔,其实作者的灵感来自莲花生大师古鲁仁波切所说的一段话:我从未离弃信仰我的人,甚至不信我的人,虽然他们看不见我,我的孩子,将永远永远受到我慈悲的护卫。

小萨尔的脸上显示一片好奇的祥和,我相信他也感受到天地间那慈悲的护卫。

这就是我的曼陀罗!